TAMILNADU VILLAGE REPORTER

Dr.K.Murugesan MBBS,AFIH

ISBN: **1985136449**
ISBN-13: **978-1985136441**

DEDICATION

I dedicate this book to all Tamil Speaking people who love their villages in Tamilnadu

CONTENTS

ACKNOWLEDGMENTS

DUE TO URBANISATION AND DESIRE TO LIVE IN A CITY , THE VILLAGES IN TAMILNADU HAS LOST ITS PLACE AS A CULTURAL IDENTITY OF TAMILNADU.THIS BOOK WILL GIVE AN OPPORTUNITY TO ALL PEOPLE SETTLED IN CITIES TO REMEMBER THEIR VILLAGES IN TAMILNADU .THIS BOOK IS NOT YET COMPLETED .THE UNCOVERED VILLAGES WILL BE COVERED IN SECOND EDITION OF THIS BOOK.

TAMILNADU VILLAGE REPORTER

<u>ARIYALUR DISTRICT</u>

VILLAGES IN ARIYALUR TALUK

ARIYALUR

ALAGIYAMANAVALAM

ALANDURAIYARKATTALAI

AMMENABATH

ANDIPATTAKKADU

ANNIMANGALAM

ARIYALUR (M)

ARIYALUR (NORTH)

ARUNGAL

AVANSUTHAMALLI

AYANATHUR

CHINNAPATTAKADU

EDAYATHANKUDI

ELAKURICHI

ELANDAKUDAM

GOVINDAPURAM

GURUVADI

ILLUPPAIYUR

KADUGUR
KALLANKURICHI
KAMARASAVALLI
KANDIRATHEERTHAM
KARAIYAVETTI
KARUPPILAKATTALAI
KARUPPUR (SENAPATHY)
KAVANUR
KAYARLABATH
KEELAIYUR
KEELAKOLATHUR
KEEZHAKAVATTANKURICHI
KEEZHAPALUR
KOVIL ESANAI (EAST)
KOVIL ESANAI (WEST)
KOVILUR
KULAMANICKAM (EAST)
KULAMANICKAM (WEST)
MALLUR
MANJAMEDU
MELAPALUR
NAGAMANGALAM
ORIYUR
OTTAKOIL
PALINGANATHAM
PAPANACHERI
PERIYANAGALUR

PERIYATHIRUKONAM
POONDI
POTTAVELI
PUDUPALAYAM
PUNGANKUZHI
RAYAMPURAM
REDDIPALAYAM
SANNAVUR (NORTH)
SANNAVUR (SOUTH)
SATHAMANGALAM
SENNIVANAM
SIRUVALUR
SULLANGUDI
THELUR
THIRUMANUR
THIRUMAZHAPADI
THUTHUR
VADUGAPALAYAM
VALAJANAGARAM
VARANAVASI
VENGANUR
VETRIYUR
VILANGUDI
VILUPANANKURICHI

VILLAGES IN SENDURAI TALUK

ADHANAKURICHI
ALATHIYUR
ANANDAVADI
ASAVEERANKUDIKKADU
AYANATHATHANUR
IRUMBILIKURICHI
KEEZHAMALIGAI
KILIMANGALAM
KULUMUR
MANAKKUDAIYAN
MANAPATHUR
MARUVATHUR
NAGALKUZHI
NAKKAMPADI
NAMANGUNAM
PARANAM
PERIYAKURICHI
PILAKURICHI
PONPARAPPI
SANNASINALLUR
SENDURAI
SIRKALATHUR
SIRUKADAMBUR

THALAVOI (NORTH)
THALAVOI (SOUTH)
TULAR
UNJINI
VANJINAPURAM

VILLAGES IN UDAYARPALAYAM TALUK

ADICHANUR RF
ALAGAPURAM
ALVOY RF
ALVOY EXTENTION RF
AMANAKKANTHONDI
AMMBAPPUR
AMMBAPPUR RF
ANAIKUDAM
ANDIMADAM
ANGARAYANALLUR (EAST)
ANIKUDICHAN (NORTH)
ANIKUDICHAN (SOUTH)
AUTHUKURICHI
AYYUR
AYYUR (KANGULI) R.F
AYYUR RF
CHOLAMADEVI

DEVAMANGALAM
DEVANUR
DHARMASAMUDRAM
EDAAYANKURICHI
EDANGANNI
EDAYAR
ELAIYUR (EAST)
ELAIYUR (WEST)
ELAYAPERUMALNALLUR
ERAVANGUDY
GOVINDAPUTHUR
GURUVALAPPARKOVIL
IRUGAIYUR
JAYANKONDAM (M)
KADAMBUR
KARAIKURICHI
KATTAGARAM (NORTH)
KATTAGARAM (SOUTH)
KATTATHUR (NORTH)
KATTATHUR (SOUTH)
KEELAKUDIYIRUPPU
KEELANATHAM
KODALIKARUPPUR
KODANGUDI (NORTH)
KODANGUDI (SOUTH)
KODUKKUR
KOOVATHUR (NORTH)

KOOVATHUR (SOUTH)

KOOVATHUR RF

KULOTHUNGANALLUR

KUNDAVELI (EAST)

KUNDAVELI (WEST)

KUVAGAM

KUVAGAM RF

MADANATHUR RF

MANAGETHI

MANAGETHI RF

MARUDUR

MELUR

MELUR DEVANUR RF

MUDUKULAM R.F

MUTHUSERVAMADAM

NADUVALUR (EAST)

NADUVALUR (WEST)

NADUVALUR RF

NAYAGANAIPRIYAL

NAYAGANAIPRIYAL RF

OLAIYUR

PAPPAKUDI (NORTH)

PAPPAKUDI (SOUTH)

PARUKKAL (EAST)

PARUKKAL (WEST)

PARUKKAL RF

PERIAKRISHNAPURAM
PERIYAVALAYAM
PERIYAVALAYAM R.F
PILICHIKUZIHI
PIRANCHERI
PITCHANUR
RANGIYAM
SATHAMBADI
SATHAMBADI RF
SILUMBUR (NORTH)
SILUMBUR (SOUTH)
SILUVAICHERI
SILUVAICHERI RF
SOORIYAMANAL
SOORIYAMANAL R.F
SRIPURANDAN (NORTH)
SRIPURANDAN (SOUTH)
SRIRAMAN
SUNDARESAPURAM RF
SUTHAMALLI
T.PALUR
T.SHOLANKURICHI (NORTH)
T.SHOLANKURICHI (SOUTH)
THALUTHALAIMEDU
THANDALAI
THANIMARATHUKADU RF
THATHANUR(EAST)

THATHANUR(WEST)
THENKATCHIPERUMALNATHAM
THIRUKALAPPUR
UDAYANATHAM (EAST)
UDAYANATHAM (WEST)
UDAYARPALAYAM (TP)
UDAYARPALAYAM R.F
UDAYAVARTHIYANUR
ULIYANKUDI
ULKOTTAI (NORTH)
ULKOTTAI (SOUTH)
ULLIYANKUDI RF
VALAIKURICHI
VANATHIRAYAMPATTINAM
VANGUDI
VARADARAJANPETTAI (TP)
VARIYANKAVAL
VEMBUKUDI
VENMANKONDAN (EAST)
VENMANKONDAN (WEST)
VETHIYARVETTU
VETHIYARVETTU R.F
VILANDAI (NORTH)
VILANDAI (SOUTH)

COIMBATORE DISTRICT

VILLAGES IN COIMBATORE NORTH TALUK

AGRAHARASAMAKULAM
AKKARAISENGAPALLI
ALLAPALAYAM
AMBODI
ANAIKATTI (NORTH)
ANAIKATTI (SOUTH)
ANNUR (TP)
ANNUR METTUPALAYAM
ASHOKAPURAM (CT)
BILICHI
CHINNATHADAGAM (CT)
CHINNAVEDAMPATTI (TP)
GOUNDAMPALAYAM (M)
GUDALUR (TP)
IDIKARAI (TP)
KALAPATTI (TP)
KALLIPALAYAM
KANJAPPALI
KANUVAKKARAI
KAREGOUNDENPALAYAM

KARIAMPALAYAM

KATTAMPATTI

KEERANATHAM

KONDAYAMPALAYAM

KUNNATHUR

KUPPANUR

KUPPEPALAYAM

KURUDAMPALAYAM (CT)

MASAGOUNDENCHETTIPALAYAM

NAICKENPALAYAM

NANJUNDAPURAM

NARANAPURAM

NARASIMHANAICKEN-PALAYAM (TP)

ODDERPALAYAM

PACHAPALAYAM

PANNIMADAI

PASUR

PERIYANAICKEN-PALAYAM (TP)

PILLAIAPPAMPALAYAM

POGALUR

SARAVANAMPATTI (TP)

SARCARSAMAKULAM (TP)

SOMAYAMPALAYAM (CT)

THADAGAM R.F.

THUDIYALUR (TP)

VADAKKALUR

VADAVALLI
VEERAKERALAM (TP)
VEERAPANDI
VEERAPANDI (TP)
VELLAKINAR (TP)
VELLAMADAI
VELLANAIPATTI
VILANKURICHI (CT)

VILLAGES IN COIMBATORE SOUTH TALUK

ALANTHURAI (TP)
ARISIPPALAYAM
BOLUVAMPATTI (BLOCK I)
BOLUVAMPATTI EXTEN. R.F.
BOLUVAMPATTI(R.F)
BOOLUVAMPATTI(BLOCKII)
CHETTIPALAYAM (TP)
COIMBATORE (M CORP.)
DEVARAYAPURAM
DHALIYUR (TP)
ETTIMADAI (R.F)
ETTIMADAI (TP)
ETTIMADAI EXTEN. R.F.

IKKARAIBOOLUVAMPATTI
JAGIRNAICKENPALYAM
KARUNCHAMIGOUNDENPALAYAM
KUNIYAMUTHUR (M)
KURICHI (M)
MADAMPATTI
MADAVARAYAPURAM
MADUKKARAI (TP)
MALUMICHAMPATTI (CT)
MAVUTHAMPATHI
MYLERIPALAYAM
NACHIPPALAYAM
NARASIPURAM
OTHAKALMANDAPAM (TP)
PALATHURAI
PERUR (TP)
PERUR CHETTIPALAYAM (CT)
PICHANUR
POOLUVAPATTI (TP)
SEERAPPALAYAM
SOLAKARAI R.F.
THAMBAGOUNDENPALAYAM
THEETHIPALAYAM
THENKARAI (TP)
THENNAMMANALLUR
THIRUMALAYAMPALAYAM (TP)

THONDAMUTHUR (TP)
VADAVALLI (TP)
VALUKKUPPARAI
VEDAPATTI (TP)
VELLAIMALAIPATTINAM
VELLALUR (TP)

VILLAGES IN METTUPALAYAM TALUK

ANAIKATTI NORTH R.F.
BELLADHI
BELLAPALAYAM
CHICKADASAMPALAYAM
CHIKKARAMPALAYAM
CHINNAKALLIPATTI
GOPANARI R.F.
HULICAL DRUG R.F.
ILLUPPANATHAM
IRUMBORAI
JADAYAMPALAYAM
JAGANARAI SLOPES R.F.
KALAMPALAYAM
KALLAR R.F.
KANDIYUR R.F.
KARAMADAI (TP)
KEMMARAMPALAYAM

MADUR PETHIKUTTAI FOREST
MARUDUR
MELUR SLOPE R.F.
METTUPALAYAM (M)
MUDUTHURAI
NELLIMALAIR.F.
NELLITHURAI
NELLITHURAI AND SUNDAPATTI R.F
NILGIRI EASTERN SLOPE R.F.
ODANTHURAI
ODANTHURAI R.F.
PILLUR SLOPE R.F.
SIRUMUGAI (TP)
THEKKAMPATTI
THOLAMPALAYAM
VELLIANGADU

VILLAGES IN POLLACHI TALUK

A. NAGOOR
ACHIPATTI (CT)
AMBARAMPALAYAM
ANAIMALAI (TP)
ANDIPALAYAM

ANGALAKURICHI

ANUPPARPALAYAM

ARASAMPALAYAM

ARTHANARIPALAYAM

ATHUPOLLACHI

AVALEPPAMPATTI

AYYAMPALAYAM

BODIPALAYAM

BOLIGOUNDENPALAYAM

CHANDRAPURAM

CHETTIAKKAPALAYAM

CHIKKARAYAPURAM

CHINNAMPALAYAM (CT)

DEVAMBADI

DEVANAMPALAYAM

DEVARAYAPURAM

DHALAVAIPALAYAM

ERIPATTI

GOLLAPATTI

GOMANGALAM

GOMANGALAMPUDUR

GOVINDAPURAM

JALLIPATTI

KABILIPALAYAM

KAKKADAVU

KALIYAPURAM

KALLIPATTI

KAMBALAPATTI

KANIYALAMPALAYAM

KANJAMPATTI

KAPPALANKARAI

KARIYANCHETTIPALAYAM

KATTAMPATTI

KINATHUKADAVU (TP)

KITTASUARAMPALAYAM

KODANGIPALAYAM

KOIL PALAYAM (CT)

KOLARPATTI

KONDAMPATTY

KONDEGOUNDENPALAYAM

KOOLANAICKENPATTI

KOTHAVADI

KOTTUR (TP)

KRISHNARAYAPURAM

KULAKKALPALAYAM

KULATHUR

KULLICHETTIPALAYAM

KUMARAPALAYAM

KURUMBAPALAYAM

KURUNALLIPALAYAM

KUTHIRAIALAMPALAYAM

MAKKINAMPATTI (CT)

MANUR

MARCHINAICKENPALAYAM

METTUBAVI

METTUPALAYAM (PART)

MULANUR

MULLIPADI

MUTHUR

NAICKENPALAYAM

NALLAMPALLI

NALLATHUKULI

NALLATTIPALAYAM

NATHUKKALPALAYAM

ODAIYAKULAM (TP)

OKKILIPALAYAM

PALAYUR

PANAPPATTI

PERIAKALANDAI

PERIAPODU

PERIYA NEGAMAM (TP)

PETHANAICKANUR

PILLCHINNAMPALAYAM

POLLACHI (M)

POOSANAICKENDHALI

POOSARIPATTI

PORAVIPALAYAM

POTTAIYANDIPORAMBU

PULIAMPATTI

R. PONNAPURAM

RAMAPATINAM
RASAKKAPALAYAM
RASICHETTIPALAYAM
S. MALAYANDIPATNAM
S. NALLUR
S. PONNAPURAM
SAMATHUR (TP)
SANGARAYAPURAM
SANTHEGOUNDANPALAYAM
SEELAKKAMPATTI
SERVAIKARANPALAYAM
SERVAKARANPALAYAM
SHOLANUR
SINGANALLUR
SINJUVADI
SINNA NEGAMAM
SIRUKKALANDAI
SOKKANUR
SOLAPALAYAM
SOLAVAMPALAYAM
SOMANDURAI
SULAKKAL
SULEESWARANPATTI (TP)
THALAKKARAI
THENKUMARAPALAYAM
THENSANGAMPALAYAM

THENSITHUR
THIMMANGUTHU
THIPPAMPATTI
THONDAMUTHUR
THOPPAMPATTI
THORAYUR
UNJAVELAMPATTI
VADAKKIPALAYAM
VADAPUTHUR
VADASITHUR
VAGUTHAMPALAYAM
VARADANUR
VEERALPATTI
VEKKAMPALAYAM
VELLALAPALAYAM
VETTAIKARANPUDUR (TP)
Z. KOTTAMPATTI
Z. MUTHUR
ZAMIN UTHUKULI (TP)

VILLAGES IN SULUR TALUK

APPANAICKENPATTI

DR.K.MURUGESAN MBBS.,AFIH.,

ARASUR (CT)
BOGAMPATTI
CHINNIAM PALAYAM (CT)
EDAYAPALAYAM
IRUGUR (TP)
J.KRISHNAPURAM
JALLIPATTI
K.MADAPUR (CT)
KADAMPADI
KADUVETTIPALAYAM
KALANGAL
KALLAPALAYAM
KAMMALAPATTI
KANGAYAMPALAYAM
KANIYUR (CT)
KANNAMPALAYAM (TP)
KARUMATHAMPATTI (TP)
KITTAMPALAYAM
KUMARAPALAYAM
MALAIPALAYAM
MOPPERIPALAYAM (TP)
MUTHUGOUNDAM PUDUR (CT)
MYLAMPATTI
NEELAMBUR (CT)
PACHAPALAYAM
PADUVAMPALLI

PALLAPALAYAM (TP)
PAPPAMPATTI
PATTANAM (CT)
PEEDAMPALLI
POORANDAMPALAYAM
RASIPALAYAM
SELLAKKARICHAL
SEMMANDAMPALAYAM
SENJERI AYYAMPALAYAM
SENJERIPUTHUR
SULUR (TP)
THALAKKARAI
VADAMBACHERI
VADAVALLI
VADAVEDAMPATTI
VARAPATTI

VILLAGES IN VALPARAI TALUK

VALPARAI (M)

DR.K.MURUGESAN MBBS.,AFIH.,

CADDALORE DISTRICT

VILLAGES IN CHIDAMBARAM TALUK

ADANUR (BHUVANAGIRI)

AGARA ALAMBADI

AGARANALLUR

ALAMBADI(KASBA)

ALAMELUMANGAPURAM

AMBAPURAM

AMBIGAPURAM

ANAIVARI

ANNAMALAI NAGAR (TP)

ARIYAKOSHTI

AYIPETTAI

AYIPURAM

AYYANURAKKARAMANGALAM

AZHICHIKUDI

B.ADHIVARAGANALLUR

B.ARUNMOZHIDEVAN

B.MADUVANKARAI

B.MUTLUR

B.UDAIYUR

BHUVANAGIRI (TP)

BUDARARAYANPETTAI
BUTHANGUDI
C.KOTHANGUDI
C.MELVANNIYUR
C.THANDESWARANALLUR
C.VAKKARAMARI
C.VIRASEZHAGAN
CHIDAMBARAM (NM) (CT)
CHIDAMBARAM (M)
CHIDAMBARANATHANPETTAI
CHINNA NERKUNAM
CHINNAKUMMATTI
CHITHALAPADI
CHITTIMUTTU
CHOKKANKOLLAI
DEVANGUDI
EDAYANPALACHERI
ELANANGUR
ELLAIKUDI
ENNANAGARAM
ERUKANKATTUPADUGAI
ERUMBUR
ESANAI
JAYAMKONDAPATTANAM
JAYANKONDAN
K.ADOOR
KADAVACHERI

KANAKKARAPATTU

KANNANGUDI

KATHAZHAI

KATTUKUDALUR

KAVARAPATTU

KEERAPALAYAM

KEZHAKUNDALAPADI

KEZHAMUNGILADI

KEZHANUVAMPATTU

KEZHAPERAMBAI

KILAVADINATHAM

KILIYANUR

KILLAI (TP)

KILLAI R.F.

KIZHAMANAKUDI

KIZHNATHAM

KODIPPALLAM

KODIYALAM

KOOTHANKOIL

KOTHATTAI

KOVILAMPUNDI

KRISHNAPURAM (VADA)

KRISHNAPURAM (THEN)

KULAKUDI

KULAPPADI

KUMARAMANGALAM

KUMMUDIMULAI
KURIYAMANGALAM
LALPURAM
MANAKKUDAIYANIRUPPU
MANIKOLLAI
MANJAKKOLLAI
MANJAKUZHI
MARUDUR
MATHURANTHAGANALLUR
MEETHIKUDI
MELANUBAVAMBATTU
MELCHOKKANATHANPETTAI
MELMANAKKUDI
MELMUNGILLADI
MIRALUR
MUGAIYUR
MUTLUR
NAKKARAVANTHANGUDI
NANJAIMAGHATTUVAZHKAI
NANJALUR
NATHAMEDU
NELLIKOLLAI
ODAKAKKANALUR
ORATHUR
PALAVATTUNNAN
PALAYANCHERTHANGUDI
PALLIPPADAI (CT)

DR.K.MURUGESAN MBBS.,AFIH.,

PALUTTANKARAI
PANNAPATTU
PARADUR
PARAMESWARANALLUR
PARANGIPETTAI (TP)
PERAMPATTU
PERIYA NERKUNAM
PERIYAKUMATTI
PERIYAPATTU
PERUNGALUR
PETTAI
PICHAVARAM
PICHAVARAM EXTENSION R.F.
PICHAVARAM R.F.
PINNALUR
PINNATTUR
POOLAMEDU
POONTHOTTAM
POOVALAI
PRASANNARAMAPURAM
PULIYAGUDI (HARIRAJAPURAM)
PUNGUDI
PUNJAMANGATTUVALKKAI
RADHAVILAGAM
SAKKANGUDI
SALIYANTHOPPU

SATHAMANGALAM
SATHAPPADI
SENDIRAKILLAI
SENGALMEDU
SETHIATHOPPU (TP)
SETHIYUR
SILAMBIMANGALAM
SIRUGALUR
SITHERI
SIVAPURI
SIVAYAM
SIYAPPADI
T.MADAPPURAM
T.MANALUR
T.NEDUNCHERI
TACHAKKADU
THALAIKULAM (THEN)
THALAIKULAM (VADA)
THANDAVARAYANCHOLANGANPETTAI
THARASUR
THATHAMPETTAI
THAVARTHAMPATTU
THEN HARIRAJAPURAM
THERKUTHITTAI
THERKUVIRUTHANGAN
THIRUKAZHIPALAI (KEZH)
THIRUKAZHIPALAI (MEL)

TILLAINAYAKAPURAM
TILLAIVIDANGAN
TIRUPPANINATHAM
TUNISERAMEDU
TURINJIKOLLAI
ULUTHUR
USUPPUR (CT)
UTHAMASOZHAMANGALAM
VADA HARIRAJAPURAM
VADAKKUTHITTAI
VADAKKUVIRUTHANGAM
VADAPPAKKAM
VAIYALAMUR
VAIYUR
VAKKUR
VALAYAMADEVI (MELPATHI)
VALLAMPADUGAI
VANDARAYAMPATTU
VARAGUR
VASAPUTHUR
VATHARAYANTHETHU
VAYALUR
VAZHAKOLLAI
VEERAMUDAIYANATHAM
VELANGIPPATTU
VELAYAMADEVI KILPATHI

VELLIYAKUDI
VEYYALUR
VILAGAM
VILLIYANALLUR

VILLAGES IN CUDDALORE TALUK

ALAGIYANATHAM
ALAPPAKKAM
ANDARMULLIPPALLAM
ANNAVALLI
ARISIPPERIYANKUPPAM
CHELLANCHERI
CHENNAPPANAYAKKANPALAYAM
CHINNAKANGANANKUPPAM
CUDDALORE (M)
CUDDALORE PORT
GANGAMANAYAKKANKUPPAM
GUNDUUPPALAVADI (CT)
GUNDUUPPALAVADI (PART)
IRANDAYIRAVILAGAM
KALAIYUR
KAMBALIMEDU
KARAIKKADU
KARAIMEDU

DR.K.MURUGESAN MBBS.,AFIH.,

KARAIYERAVITTAKUPPAM
KARAMANIKUPPAM
KARANAPATU
KAYALPATTU
KIL ALINJIPATTU
KILINJIKUPPAM
KILKUMARAMANGALAM
KODANDARAMAPURAM
KONAMANGALAM
KONDUR (CT)
KUDIKKADU
KUMARAPETTAI
MADALPATTU
MALAIPPERUMAL AGARAM
MARUDADU
MAVADIPALAYAM
MELAKUPPAM
MELALINJIPPATTU
NADUVIRAPPATTU
NAGAPPANUR
NALLATHUR
NATTAPATTU
OTTERI
PACHCHYANKUPPAM
PADIRIKUPPAM (CT)
PALLIPPATTU

PERIYAKANGANANKUPPAM
PILLALI
PONNAIYANKUPPAM
PUDUKKADAI
RAMAPURAM
SEDAPPALAYAM
SEMBANKUPPAM
SENJIKUMARAPURAM
SINGIRIKKUDI
SUBAUPPALAVADI
TENNAMBAKKAM
THUKKANAMPAKKAM
TIRUCHCHEPURAM
TIRUMANIKKULI
TIRUPPANAMBAKKAM
TIRUVANDIPURAM
TIYAGAVELLI
TONDAMANATHAM
TOTTAPPATTU
UCHCHIMEDU
UDALAPPATTU
ULLERIPPATTU
VADAPURAM KILPADI
VANAMADEVI
VARAKALPATTU
VELLAKARAI
VELLAPAKKAM

DR.K.MURUGESAN MBBS.,AFIH.,

VETTUKKULAM
VILANGALPATTU

VILLAGES IN KATTUMANNARKOIL TALUK

ACHALPURAM

ADHANUR (MANNARGUDI)

ADIVARAGANALLUR

AGARAPUTHUR

ALANGANATHAM

ALINJAMANGALAM

ALKONDANATHAM

ANANDAGUDI

ARULMOZHIDEVAN

ATHIPATTU

AYANGUDI

AYANKILPULIYANGUDI

CHETTIKKATTALAI

CHETTITHANGAL

CHIDAMBARA ARASUR

EACHAMPOONDI

EDAIYUR

ELANGAMBUR

ELLERI

EYYALUR

GUDALAIYATHUR
KALIAYAMALAI
KALIKANDAN
KALLIPPADI
KANATTAMPULIYUR
KANDAKUMARAN
KANJANKOLLAI
KANJIVAY
KANUR
KARUNAKARANALLUR
KARUPPERI
KARUPPUR
KATTUMANNARKOIL (TP)
KAVALAGUDI
KEELAKADAMBUR
KEELAKARAI
KEELARADHAMBUR
KEELAVANNIYUR
KEELNEDUMBUR
KEELPARUTHIGUDI
KEELPULIYAMPATTU
KEEZADHANGUDI
KILPULIYANGUDI
KOKKARASANPETTAI
KOMARATCHI
KONDASAMUDRAM
KOTHANDAVILAGAM

KOTHANGUDI (MANNARGUDI)
KOTHAVASAL
KOZHAI
KUCHUR
KUDUVELI
KUMARAKUDI
KUNAMANGALAM
KUNAVASAL
KUNJAMEDU
KUPPUNKULI POOVILANDANALLUR
KURINJIKUDI
KURUNGUDI
KUTHUR
LAKSHIMIGUDI
LALPET (TP)
LALPETTAI
MADARSUDAMANI
MADHALIRMANICKAM
MALAVARAYANALLUR
MAMANGALAM
MANIYAM ADUR
MANNARGUDI (ARASUR)
MANNARKULAKUDI
MELAKADAMBUR
MELAPARUTHIGUDI
MELAVANNIYUR (MANNARGUDI)

MELNEDUMBUR
MELPAKKATHURAI
MELPULIYANGUDI
MELRADHAMBUR
MEYYATHUR
MOVUR
MUDIKANDANALLUR
MULLANGUDI
MUTTAM
NADUTHITTU
NAGARAPPADI
NALAMPUTHUR
NANDEESWARAMANGALAM
NANDIMANGALAM
NANGUDI
NATHAMALAI
NATTARMANGALAM
NEYVASAL
OBLANJIMEDU (MEYYATHUR)
ODAIYUR (MANNARGUDI)
OMAMPULIYUR
PALANCHANALLUR
PALAVAYKANDAN
PALAYANKOTTAI (KILPATHI)
PALAYANKOTTAI (MELPATHI)
PARIVILAGAM
PERIAKOTTAGAM

PERUR
PILLAIARTHANGAL
POORTHANGUDI
PUDAIYUR
PULIYANGUDI (MANNARGUDI)
PUTHUR (TERKUNADU)
RADHANALLUR
RAMAPURAM
RAYANALLUR
REDDIYUR
SARVARAJANPETTAI
SATHAMANGALAM
SATHAVATTAM
SHANDAN
SIRUKATTUR
SITHAMALLI
SIVAKAM
SOLAKKUR
SOLATHARAM
SRIMUSHNAM (TP)
SRINEDUNCHERI
SRIPUTHUR
SURAVILANDUR
THEMMUR
THERKUMANGUDI
THETHAMBATTU

THIRUNARAIYUR
THONDAMANATHAM
THORANKUPPAM
THORAPPU
THURAKOZHI
TIRUCHINNAPURAM
UTTAMASOLAGAN(MANNARGUDI)
VADAKKUKULAKUDI
VADAKKUMANGUDI
VADAKKUPALAYAM
VADAMUR
VALASAKKADU
VANADARAYANPETTAI
VANAMADEVI
VATTATHUR
VAUVALTHOPPU
VEERANANALLUR
VEERANANDAPURAM
VEERASOLAPURAM
VELAMPOONDI
VELLUR
VENNAIYUR
VETCHIYUR
VILATHUR THIRUPANIYAPURAM
VIRANATHAM

VILLAGES IN KURINJIPADI TALUK

ADINARAYANAPURAM

ADURAGARAM

ADURKUPPAM

AGARAM

AKGATIMMAPURAM

AMBALAVANAMPETTAI

ANNADANAMPETTAI

ANUKKAMBATTU

ARANGAMANGALAM

AYIKUPPAM

BUDDAMPADI

GURUVAPPANPETTAI

IDANKONDAMBATTU

KALKUNAM

KANJAMANDANPETTAI

KANNADI

KARUNGULI

KARUVEPPAMBADI

KESAVANARAYANAPURAM

KILUR

KOLAKKUDI

KORANAPATTU

KOTHAVACHERI
KRISHNANKUPPAM
KUNDIYAMALLUR
KURINJIPADI
KURINJIPADI (TP)
MADANAGOPALAPURAM
MARUVAY
MELAPUDUPPETTAI
NAYINAKUPPAM
NEYVELI (TS) (CT)
PEDDUNAYAKKANKUPPAM
PERUMATHUR
POIGANATHAM
PULIYUR(WEST)
PUVANIKUPPAM
RAJAKUPPAM
RANGANATHAPURAM
SIRUPALAIYUR
TAMBIPETTAI
TANUR
TAYILGUNAMPATTINAM
TENKUTHU
THAMBIPALAYAM
TIMMARAVUTHAMKUPPAM
TIRTTANAGARI
TOPPUKOLLAI
VADAKKUMELUR

VADAKUTHU
VADALUR (TP)
VALUDAMBATTU
VANADIRAYAPURAM
VELUDAYANPATTU
VENGADAMPETTAI
VIRUPAKSHI

VILLAGES IN PANRUTI TALUK

AKKADAVALLI
ALAGAPPASAMUDRAM
ALAGAPPERUMALKUPPAM
ANGUCHETTIPALAYAM
ARIYIRUNDAMANGALAM
AVIYANUR
CHITTARASUR
EIDANUR
ELANDAMPATTU
ENADIRIMANGALAM
EZHUMEDU
KADAMPULIYUR
KANDARAKKOTTAI (NORTH)

KANISAPAKKAM
KARUKKAI
KARUKKAI R.F.
KARUMBUR
KARUMBUR R.F.
KATTUGUDALUR
KATTUGUDALUR R.F.
KAVANUR
KAYAPAKKAM
KAYAPAKKAM R.F.
KILAKUPPAM
KILARUNGUNAM
KILIRUPPU
KILKANGEYANKUPPAM
KILKANGEYANKUPPAM R.F.
KILKAVARAPATTU
KILMAMBATTU
KOLAPAKKAM
KONGARAYANUR
KORATHI
KOTTAMBAKKAM
KOZHIPAKKAM
LAKSHMINARAYANAPURAM (CT)
MALIGAMEDU
MALIGAMPATTU
MANAMTHAVIZHNTHAPUTHUR
MANAPPAKKAM

MARUNGUR

MELARUNGUNAM

MELIRUPPU

MELIRUPPU R.F.

MELKANGEYANKUPPAM

MELKANGEYANKUPPAM R.F.

MELKAVARAPATTU

MELKUMARAMANGALAM (SOUTH)

MELMAMBATTU

MELPATTAMPAKKAM (TP)

NADUKUPPAM

NADUKUPPAM R.F.

NATHAM

NELLIKUPPAM (M)

ORAIYUR

ORAIYUR R.F.

PAGANDAI

PAITHAMBADI

PALAPPATTU

PALLAVARAYANATHAM

PALUR

PANAPAKKAM

PANDARAKKOTTAI

PANIKKANKUPPAM

PANRUTI (M)

PERPERIYANKUPPAM

PERPERIYANKUPPAM R.F.
PERUMALNAICKENPALAYAM
POONDI
POONGUNAM
PULAVANUR
PURANGANI
RAYARPALAYAM
SANNIYASIPETTAI
SATHIPPATTU
SEMAKOTTAI
SEMMEDU
SILAMBINATHANPETTAI
SIRUGRAMAM
SIRUNANGAIVADI
SIRUVATHUR
SORATHUR
SUNDARAVANDI
TALAMBATTU
THIRASU
THIRUTHURAIYUR
THIRUTHURAIYUR R.F.
THORAPADI (TP)
TIRUVAMUR
ULUNDAMABATTU
VALLAM
VALLAM R.F.
VARINJIPAKKAM

DR.K.MURUGESAN MBBS.,AFIH.,

VEERAPPERUMANALLUR
VEGAKOLLAI
VIRASINGANKUPPAM
VIRASINGANKUPPAM R.F.
VISUR
VISUR R.F.

VILLAGES IN TITTAKUDI TALUK

A. AGARAM
ADARI
ADHAMANGALAM
ADHARNATHAM
AKKANUR
ALAMBADI
ALATHUR
ARANGUR
ARASANKUDI
ARIYARAVI
ARUGERI
AVATTI
AVINANGUDI
CHITHERI

CHITHUR VA.
DHEEVALUR
EDACHERUVAI
ELUMATHUR
ELUTHUR
ENDAL T.
ENDAL .JA
ERAIYUR
ERAPPAVUR
GOODDALUR
IRULAMPATTU
IVANUR
KACHIMAILUR
KALATHUR
KALLUR
KANAGAMBADI
KANCHIRANKULAM
KANDAMATHAN
KARAIYUR
KEELADHANUR
KEELCHERUVAI
KEELNEMILI
KEERANUR .E
KEERANUR O.
KIL ORATHUR
KIL ORATHUR RF
KILAKALPOONDI

KILIMANGALAM
KODANGUDI
KODIKKALAM
KOLAVAI
KOLUDUR
KONUR
KORAKKAI
KORAKKAVADI
KOSAPALLAM
KOTHANUR.MA
KOTHATTAI
KOVILUR
KUMARAI
KURUKKATHANCHERI
LAKKUR
LAKKUR RF
LAKSHMANAPURAM
MADHURAVALLI
MALAYANUR
MALIGAIKOTTAM
MANGALORE
MANGULAM
MARUDHATHUR
MELADHANUR
MELAKALPOONDI
MELNEMILI

MELUR
MOSATTAI
MURUGANKUDI
NANDHIMANGALAM
NANGUR
NANGUR RF
NARAIYUR S.
NARASINGAMANGALAM
NAVALUR
NEDUNKULAM
NEIVASAL
NIDHINATHAM
ORANGUR
PANAIYANDUR
PASAR
PATTAKURICHI
PATTUR
PE. KOLLATHANKURICHI
PE.PONNERI
PELANDURAI
PENNADAM (TP)
PERANGIYAM
PERUMULAI
PODAIYUR MA.
POOVANUR PE.
POTHIRAMANGALAM
POYANAPADI

PUDHUKULAM

PUDHUR.MA

PULIKARAMBALUR

PULIVALAM

PULLUR

PUTHERI

RAMANATHAM

RETTAKURICHI

RETTAKURICHI RF

SEVUR

SEVVERI

SIRUKARAMBALUR

SIRUMANGALAM

SIRUMULAI

SIRUPAKKAM

SIRUPAKKAM RF

SOUNDARACHOLAPURAM

THACHUR RF

THATHCHUR

THAZHANALLUR

THIRUVATTATHURAI

THOLAR

THOLUDUR

THONDANKURICHI

THORAIYUR

TITTAKUDI (TP)

VADAKARAI

VADAKARAMPOONDI

VADAPATHY

VAGAIYUR

VAIDHYANATHAPURAM

VAIYANKUDI

VALLIMADURAM

VENKANUR

VENKARUMBUR

VINAYAGANANDHAL

VILLAGES IN VIRUDHACHALAM TALUK

A. MARUR

ADIYUR

AGARAM

AIVADUGUDI

ALADI

ALANDURAIPATTU

ALICHIKUDI

AMMERI

AMMERI RF

ARASAKULI

CHINNAKAPPANKULAM

CHINNAPANDARANKUPPAM

CHINNAPARUR

CHINNATHUKURICHI

CHINNAVADAVADI

CHITTERIKUPPAM

CHITTUR

DEVANGUDI

EDAICHCHITHUR

ERUMANUR

GANGAIKONDAN (TP)

GOPALAPURAM

GOPURAPURAM

IDAIYUR

ILANGIYANUR

IRULAKKURICHI

IRUPPU

IRUSALAKUPPAM

KA.ELAMANGALAM

KACHCHIPERUMANATHAM

KACHIRAYANANTHAM

KALIYAMEDU

KAMMAPURAM

KANADUKANDAN

KARKUDAL

KARMANGUDI
KARMANGUDI RF
KARNATHAM
KARUVEPPILANKURICHI
KATTIYANALLUR
KATTUMAYILUR
KATTUMAYILUR R.F.
KATTUPARUR
KAVANAI
KAVANUR
KEELAKURICHI
KEELAPALAIYUR
KEENANUR
KEERANUR
KILPATHI
KIRAMANGALAM
KIRAMBUR
KO.ADHANUR
KODUKKUR
KODUMANUR
KOKOTHANUR
KOLLIRUPPU
KOMANGALAM
KOTHANUR (PANDAVANPATTU)
KOTTAGAM
KOTTERI
KOTTUMULAI

KOVILANUR

KULAPAKKAM (ERANJI)

KUMARAMANGALAM

KUNANKURICHI

KUPPANATHAM

MALIGAIMEDU

MANAGATHI

MANAKKOLLAI

MANAVALANALLUR

MANGALAMPET (TP)

MANNAMPADI

MARUNGUR

MATTUR

MAVIDANDAL

MELAKURICHI

MELAPALAIYUR

MELPAPPANAPATTU

MELPATHI

MEMATHUR

MUDANAI

MUDAPPULI

MUKUNDANALLUR

MUMMUDICHOLAGAN

NADIYAPATTU

NAGAR

NALLUR

NARAIYUR
NARIMANAM
NARIMANAM R.F.
NEMAM
NEYVELI
NIRAMANI
OTTIMEDU
PADUKALANATHAM
PALAIYAPATTINAM
PALAKKOLLAI
PALLIPATTU
PARAVALUR
PARUR
PAVALANGUDI
PAVALANGUDI KO
PERALAIYUR
PERAMBALUR
PERIYAKAPPANKULAM
PERIYAKURICHI (CT)
PERIYANESALUR
PERIYAVADAVADI
PERUNDURAI
PERUVARAPPUR
PINJANUR
PONNERI (KO)
POOLAMBADI
PU.KOLLATHANKURICHI

PUDUKURAIPETTAI
PULIYUR
PUTTUR KA.
PUVANUR KO
RAJENDIRAPATTINAM
RUBANARAYANANALLUR
SAKKARAMANGALAM
SATHAMANGALAM
SATHIYAM
SATHIYAVADI
SATHUKUDAL (KILPATHI)
SATHUKUDAL (MELPATHI)
SATTAPADI
SEMAKOTTAI RF
SEMBALAKKURICHI
SEPALANATHAM
SEPPAKKAM
SETUVARAYANKUPPAM
SIRUNESALUR
SIRUVAMBUR
SIRUVARAPPUR
SOTTAVANAM
T. POUDAIYUR
T.MAVADANDAL
THARMANALLUR
THERKUVADAKKUPUTTUR

THOLUR
THORAVALUR
TIRUPPAYUR
U.ADHANUR
U.AGARAM
U.KULAPAKKAM
U.MANGALAM
UTHANGAL
UYYAKONDARAVI
VADAKKUVELLUR
VALASAI
VALLIYAM
VANNANKUDIKADU
VANNATHUR
VARAMBANUR
VARANJARAM R.F.
VELANGULAM RF
VEPPANKURICHI
VEPPUR
VETTAKUDI
VIJAYAMANAGARAM
VILAKKAPADI
VILANGATTUR
VIRUDHACHALAM (M)
VISALUR

DR.K.MURUGESAN MBBS.,AFIH.,

DARMAPURI DISTRICT

VILLAGES IN DHARMAPURI TALUK

A.JETTIHALLI

A.REDDIHALLI

ADAGAPADI

ADIYAMANKOTTAI

AKKAMANAHALLI

ANDIHALLI

ANNASAGARAM

BALAJANGAMANHALLI

BARIGAM R.F. (HILLS)

BOALANAHALLI

BUDANAHALLI

DHALAVAIHALLI

DHARMAPURI (M)

DHINNAHALLI

DOKKUBODANAHALLI

ECHANAHALLI

ELAGIRI

ERRABAIYANAHALLI

HALE-DHARMAPURI (CT)

K. THOPPUR (R.F.)

KADAGATHUR

KAMMAMPATTI

KONANGIHALLI

KONANGINAICKANAHALLI

KONDAGARAHALLI

KONDAMPATTI

KRISHNAPURAM

KUKKALMALAI

KUMBALAPADI

KUPPUR

LAKKIAMPATTI (CT)

LALIGAM

MADEMANGALAM

MANIATHAHALLI

MITTAREDDIHALLI

MOOKANUR

MOOKKANAHALLI

MUKKALNAICKANAHALLI

NADUHALLI

NAGARKOODAL

NAICKANAHALLI

NALLAMPALLI

NALLANAHALLI

NATHATHAHALLI

NEKKUNDHI

NEONAHALLI R.F.

NOOLAHALLI

PAGALAHALLI

PALAVADI

PALAYAM

DR.K.MURUGESAN MBBS.,AFIH.,

PANGUNATHAM

PAPPINAICKANAHALLI

PULIDIKARAI

SETTIKARAI

SIVADI

SOMENAHALLI

THADANGAM

THIPPIREDDIHALLI

THOPPUR T.KANIGARAHALLI

UNGARANHALLI

VATHALAMALAI

VELLALAPATTI

VELLEGOUNDAN PALAYAM (PART)

VELLOLAI

VEPPILAIMUTHEMPATTI

VILLAGES IN HARUR TALUK

ACHALVADI

AGRAHARAM

AGRAHARAM

ALAMBADI

AMMAPETTAI

ANDIPATTY

ANDIPATTY

ANDIYUR

APPIYAMPATTY
AVALLUR
AVLAMPATTY
BAIRNAYAKKAMPATTY
BANNIKULAM
BATTALAHALLI
BODINAICKENHALLI
CHANDRAPURAM
CHELLAMPATTI
CHETTIKUTTAI
CHINNAKOUNDAMPATTI
CHINNAPANNIMADUVU
DASIRIHALLI
DODAMPATTY
ELAVADI
ELLEPUDAYAMPATTI
ETTIPATTY
GANAPATHIPATTY
GETTUPATTY
GOBINATHAMPATTI
GUDALUR
HARUR (TP)
ICHAMBADI
ICHAMPADI
ILAIYAMPATTY
IRUMATHUR
ITTAIAMPATTY

DR.K.MURUGESAN MBBS.,AFIH.,

ITTALAPATTI

JADAIYANKOMBAI

JAKKUPATTI

JANGALVODI

K. VETRAPATTI

KALLADIPATTI

KALLADIPATTY

KAMBAINALLUR (TP)

KAMBALAI

KAMMALAMPATTY

KANGAVEMBU

KARAPADI

KATTIRIPATTY

KATTUR

KATTUVADICHAMPATTI

KAVOIPATTY

KELAPPARAI

KELAVALLI

KILANUR

KILCHENGAMPADI

KILOMORAPPUR

KIRAIPATTY

KODAMANDAPATTI

KONAMPATTY

KONDAMPATTI

KONDAYAMPATTY

KONGARAPATTY

KOSAPATTY

KOTHANAMPATTI

KOTTAPATTI EXTENSION R.F.

KOTTAPATTY

KOTTAPATTY R.F.

KOTTARAPATTY

KUDUMIYAMPATTY

KULUNTHAMBINATHAM

KUMRAMPATTY

KURUMBAPATTY

KURUMBAPATTY

KURUMBATTY

KURUTHAMPATTY

KUTTAPATTY

KUTTIPATTI

M.VETRAPATTI

MAMBADI

MAMPATTY

MANDIKULAMPATTI

MANGALAPATTY

MARUDIPATTI

MATTIYAMPATTI

MATTIYAMPATTI

MAVERIPATTI

MEITHANGI

MELACHENGAMBADI

MELANUR
METTUVALASAI
MOBIRIPPATTI
MONDUKULI
MOOKANURPATTI
MORAPPUR
MORASAPATTI
MOTTAYAMPATTI
MUGILIPATTI
NACHANAMPATTI
NACHANAMPATTY
NADUPATTI
NARIPALLI
NARIYAMPATTI
NAVALAI
NAYINAKAVUNDAMPATTI
NERUPPANDALKUPPAM
OBILINAYAKKANPATTI
PACHANAMPATTY
PALAIYAM
PALAYAM
PALAYAMPALLI
PALLIPATTI
PALLIPATTI
PANAMARATHUPATTI
PAPPINAYAKKENVALASAI

PARIAYAPATTI

PERIYAPATTI

PERIYAPPANNIMADUVU

PONNERI

POYYAPATTI

PUDINATTAM

PUDUR

RASALAMPATTI

REDDIPATTI

RUNGANAVALASAI

SAKKILIPATTI

SAMANATTAM

SAMANDAHALLI

SANDAPPATTI

SEKKAMPATTI

SELAMBAI

SENGANDIPATTI

SENNAMPATTI

SENRAYAMPATTI

SETRAPATTI

SIKKALUR

SINGILIPATTY

SITTILINGI

SITTILINGI R.F.

SITTILINGI EXTENSION R.F.

SOORAPATTI

SORIYAMPATTI

SUNDANGIPATTI

SURAMATHAM

TADARAVALASAI

TAMALERIPATTI

TAMARAKOLIYAMPATTI

TAMBAL

TANDEKUPPAM

TARIASAL

THADAMPATTI

THAMBICHETTIPATTI

THANIPPADI

THATHAMPATTI

THEDAMPATTI

THEERTHAMALAI

THEERTHAMALAI R.F.

THEKKANAMPATTI

THIPPAMPATTI

THOPPAMPATTI

THORANAMPATTI

VADAPATTI

VADUGAPATTI

VAGURAPPAMPATTI

VALADUPPU

VALLIMADURAI

VEDAKADAMADUVU

VEDAPATTI

VELAMPATTI
VELAMPATTI
VELANUR
VENAKKAMPATTI
VENGIAMPATTI
VENGIYAMPATTI
VEPPAMPATTI
VEPPAMPATTI EXTENSION R.F.
VEPPAMPATTI RF
VEPPANATHAM
VEPPASENNAMPATTI
VIRAPPANAYAKKAMPATTI

VILLAGES IN PALAKKODU TALUK

ADILAM
ANNAMALAIHALLI
ATHIMUTLU
BAISUHALLI
BANDARAHALLI
BATHALAHALLI
BEGARAHALLI
BELAMARANAHALLI
BEVUHALLI
BIKKANAHALLI
BODIKUTTALAPALLY

BOLABHAGUTHANHALLI
BOMMAHALLI
BOOGANAHALLI
BOPPIDI
BUDIHALLI
CHENNANAHALLI
CHENNARAYANAHALLI
CHIKKADORNABETTAM
CHIKKAMARANDHAHALLI
CHIKKARDANAHALLI
CHINNAGOWNDANAHALLI
CHUDANUR
DANDUKARANAHALLI
DINDAL
DOMALAHALLI
DONNENAHALLI
ELUMICHANAHALLI
ERRAKUTTAHALLI
ERRANAHALLI
ERUDUKUTTAHALLI
GENDANAHALLI
GIDDANAHALLI
GUJJARAHALLI
GUMMANUR
GUTHALAHALLI
HANUMANTHAPURAM

INDAMANGALAM
JAGIRBURGUR
JAKKASAMUDRAM
JERTALAR
JITTANDAHALLI
KALAPPANAHALLI
KANAVENAHALLI
KARAGODAHALLI
KARIAMANGALAM (TP)
KARIMANGALAM
KARUKKAMARANHALLI
KARUKKANAHALLI
KATTANAHALLI
KERAKODAHALLI
KONDACHAMANAHALLI
KOTTUMARANAHALLI
KUMBARAHALLI
MAHENDRAMANGALAM
MALLIKUTTAI
MARANDAHALLI
MARANDAHALLI (TP)
MARAVADI
MODUGULAHALLI
MOLAPPANAHALLI
MUKKULAM
MURUKKALNATHAM
MURUKKAMPATTI

NAGANAMPATTY
NALLUR
NAMANDAHALLI
NARIYANAHALLI
NERALAMARUDAHALLI
P. GOLLAHALLI
P.SETTIGHALLI
PACHCHIGANAPALLI
PALACODE
PALAKKODU (TP)
PANJAPALLI
PAPINAYAKANAHALLI
PERIYANAHALLI
PERIYANUR
POONATHANAHALLI
POTHALAHALLI
PULIKKAL
PULIKKARAI
PUMANDAHALLI
RENGAMPATTI
SAMANUR
SEKKODI
SELLIYAMPATTI
SENGABASUVANTALAR
SETTIHALLI
SIRANDAPURAM

SIRENAHALLI

SITIGANAHALLI

THELLANAHALLI

THEMMARAYANAHALLI

THIRUMALVADI

UPPARAHALLI

VELAKALAHALLI

VILLAGES IN PAPPIREDDIPATTI TALUK

A. PALLIPATTI

ADIGARAPATTY

AJJAMPATTY

ALAPURAM

ALLALAPATTY

AMMAPALAIYAM R.F.

AMMAPALAYAM

ANDIPATTY

ANNAMALAIHALLI

ANNAMALAIPATTY

B.MALLAPURAM (TP)

BAIRANATHAM

BALASAMUDRAM

BASUVAPURAM
BATTALAMALAI
BOMMIDI
BOSINAICKENHALLI
BOTHAKKADU
BUDDIREDDIPATTI
CHINNAMANJAVADI
CHINNANKUPPAM
CHINTALPADI
DEVARAJAPALAYAM
DEVARAJAPALAYAM
ELANDAIKUTTAPATTY
ERUMIYAMPATTY
GEDAKARAHALLY
GOPALAPURAM
GOPICHETTIPALAYAM
GUNDALAMADUVU
GURUBARAHALLI
IRULAPATTY
JAMMANAHALLI
JANGALAHALLI
KADARANAMPATTY
KADATHUR (TP)
KADIRIPURAM
KALAND EXTENSION RF
KALLATTUPATTI

KARUNGAL R.F.
KAVANDAMPATTY
KAVARAMALAI R.F.
KAVARAMALAI EXTENSION R.F.
KEREKODAHALLI
KETTUREDDIPATTY
KOKKARAPATTY
KOLAGAMPATTY
KOLIMEKKENUR
KOMBUR
KULLAMPATTY
KUMBARAHALLI
LINGINAICKENHALLI
MADATHAHALLY
MALAGAPADI
MANGADE
MANIYABADI
MANJAVADI
MEKALANAYAKANAHALLI
MENASI
MOLAYANUR
MOOKKAREDDIPATTI
MOTTANKURICHI
NACHIKUTTI R.F.
NADUPATTI
NALLAGUDLAHALLI
NAMBIPPATTI

NARANAPURAM
NONANGANUR
OBILINAYAKKANAHALLI
PALLIPATTI
PALLIPATTI R.F.
PAPICHETTIPATTI
PAPPAMBADI
PAPPIREDDIPATTI (TP)
PARAYAPATTI
PATTUKONAMPATTY
PEDDUR
PETHASAMUDRAM
PETHATHAMPATTI
PUDINATTAM
PUDUPATTI
PULUDIYUR
RAMEYANAHALLI
REGADAHALLI
SEMBIYANUR
SIKKAMPATTI
SINGIRIHALLI
SITTERI
SITTERI R.F.
SITTERI R.F. EXTENSION
SUNKARAHALLI
SURIYAKADI

TAMBAL EXTENSION R.F.
TENKARAIKOTTAI
THADAMPATTI
THADHANUR
THALANATHAM
THINNAHALLI
THURINIHALLI
UNISENAHALLI
VACHATHI
VARIANUR
VELLALAPATTI
VENKATESAMUDRAM

VILLAGES IN PENNAGARAM TALUK

AJJANAHALLI
ANDARAHALLI
ANJEHALLI
ARAKASANAHALLI
BADANAVADI RF
BADANAVADI RF EXT.
BADRAHALLI
BARIGAM RF (PORTION)
BEVANURMALAI R.F.
CHINNAMPALLI

D. SOLAPADI
DONNAKUTTAHALLI
GENDENAHALLI
GURTHIRAYAN R. F.
JARIMANKURICHY
KADAMADAI
KALAPPAMBADI
KALAPPAMBADI R.F.
KARIAPPANAHALLI
KATTINAICKENAHALLI
KESERKULI R.F.
KESERKULI R.F. EXTENSION
KODIHALLI
KOOTHAPADI
KUKUTTAMARUTHAHALLI
MAANJINAICKANAHALLI
MADEHALLI
MANJARAHALLI
MASAKKAL R.F.
MORAPPUR R.F.
NAGAMARAI
ONNAPPAGOUNDANAHALLI
PALLIPATTI
PANAIKULAM
PAPPARAPATTI
PAPPARAPATTI (TP)

PARVATHANAHALLI
PENNAGARAM R. F.
PENNAGARAM (TP)
PERUMBALAI
PERUMBALAI RF
PEYALMARI
PIKKILI
PUDUPATTI
RAMAKONDAHALLI
SATHIYANATHAPURAM
SENGANUR
SIGARALAHALLI
SINGARHALLAI PARAPADI R.F.
SUNCHALNATHAM
THITHIYOPPANAHALLI
VATTUVANAHALLI
VELAMPATTI
WODDAPATTI R. F.

DINDIGUL DISTRICT

VILLAGES IN ATTUR TALUK

DR.K.MURUGESAN MBBS.,AFIH.,

AIYAMPALAYAM
ALAMARATHUPATTI
AMBATHURAI
ATTUR
AYYAMPALAYAM (TP)
BODIKAMANVADI
CHINNALAPATTI (TP)
JIVALSARAGU
KALIKKAMPATTI
KILAKOTTAI
KUMMAMPATTI
MANALUR
MUNNILAKOTTAI
PALAYAMKOTTAI
PANJANPATTI (N)
PARAIPATTI
PILLAYARNATTAM
PITHALAIPATTI
SITHAREVU
SITHAYANKOTTAI (TP)
TOPPAMPATTI
VAKKAMPATTI
VIRAKKAL

VILLAGES IN DINDIGUL TALUK

A.VELLODU
A.VELLODU R.F.
ADALUR
ADIYANUTHU (CT)
AGARAM (TP)
ALAGUPATTI
AMMAKULATHUPATTI
AMMAPATTI
ANAIPATTI
ANJUKULIPATTI
AVILIPATTI
BALAKRISHNAPURAM (CT)
CHATTIRAPATTI
CHETTINAICKENPATTI (CT)
DINDIGUL (M)
EMAKKALAPURAM
ERUKKALMALAI R.F.
GURUNATHANAICKENUR
JOTHAMPATTI
K.PUDUKOTTAI
KADAVAKURICHI R.F.
KAMACHIPURAM
KAMBILIAMPATTI
KANAVAIPATTI
KANNIVADI (TP)
KARANTHAMALAI R.F.

KASAVANAMPATTI

KOMBAIPATTI

KONAPATTI

KOOVANUTHU

KOTHAPULLI

KOVILUR

KUPPARAVALLIKATTU R.F.

KURUMBAPATTI (CT)

KUTHATHUPATTI

MADUR

MANGARAI

MARANUTHU

MARKKAMPATTI

MULLIPADI

NEELAMALAKOTTAI

PALAKKANUTHU

PALAYAKANNIVADI

PALLAPATTI

PANJAMPATTI (T)

PANTRIMALAI

PERIYAKOTTAI

PUDUPATTI

RAGALAPURAM

RAJAKKAPATTI

SAKKILIANKODAI

SENGURICHI

SHANARPATTI

SILAPADI (CT)

SILUVATHUR

SILVARPATTI

SINDALAGUNDU

SIRUMALAI

SIRUMALAI R.F.

SIRUMALAI R.F.(NORTHERN EAST)

SRIRAMAPURAM (TP)

SULLERUMBU

TAMARAIKULAM

TAMARAIPADI

TAVASIMADAI

TETTUPATTI

THADIKOMBU (TP)

THEKKAL R.F.

THETTHAMPATTI

THIMMANANALLUR

THOTTANUTHU

THOVAR R.F.

VADAKATTUPATTI

VAJRASERVAIKARANKOTTAI

VANGANMANUTHU

VATHILATHOPPAMPATTI

VEMBARPATTI

VIRALIPATTI

VIRASINNAMPATTI

DR.K.MURUGESAN MBBS.,AFIH.,

VILLAGES IN KODAIKANAL TALUK

ADUKKAM

KAMANUR

KILAKKUCHETTIPATTI

KODAIKANAL

KODAIKANAL (M)

KOOKKAL

MANNAVANUR

PACHALUR

PANNAIKADU (TP)

PERIYUR

POOLATHUR

POOMBARAI

POONDI

THANDIGUDI

VADAGOUNCHI

VELLAGAVI

VILPATTI

VILLAGES IN NATHAM TALUK

ALAGAR HILLS R.F.
AVICHCHIPPATTI
BUDAGUDI
BUDAGUDI R.F.
CHELLAPPANAICKENPATTI
CHEMBULIMALAI R.F.
CHINNAYANPATTIKARADU R.F.
IDAYAPATTI
KALUVADIMALAI R.F.
KARANTHAMALAI R.F.
KODANGIKUTTU R.F.
KOTTAIYUR
KUDAGIPATTI
LINGAVADI
METHUGUMALAI R.F.
MOTTAMALAI R.F.
MUDUMALAI R.F.
MULAIYUR
NADUMALAI R.F.
NADUMANDALAM
NATHAM (TP)
NEDUNKUTTU R.F.
PALAPPANAYAKKANPATTI
PANNIMALAI
PANNUVARPATTI
PAPPANMALAI R.F.
PERUMALAI R.F.

DR.K.MURUGESAN MBBS.,AFIH.,

PILLAIYARNATTAM

PILLAIYARNATTAM R.F.

POOLAMALAI R.F.

PUDUR

PUNNAPATTI

REDDIAPATTI

SAMUDRAPATTI

SATTAMBADI

SEITHUR

SENAMALAI R.F.

SENDURAI

SIRANGATTUPATTI

SIRUGUDI

URALIPATTI

VELANPATTI

VILLAGES IN NILAKKOTTAI TALUK

AMMAINAICKANUR (TP)

BANGALAPATTI

BATLAGUNDU

BATLAGUNDU (TP)

BODIAGOUNDANPATTI

CHINNAMANAICKANKOTTAI

ETHILODU

JAMBUDURAI KOTTAI
KANAVAIPATTI
KODANGINAICKAN PATTI
KOLLADIPATTI
KOMBAIPATTI
KOOVANUTHU
KOTTUR
KULLALAGUNDU
KULLICHETTIPATTI
KUNNUVARANKOTTAI
MALAYAGOUNDANPATTI
MALLANAMPATTI
MANKARADU R.F.
MATTAPPARAI
MUSUVANUTHU
NADAKOTTAI
NAKKALUTHU
NARIYUTHU
NILAKKOTTAI (TP)
NUTHULAPURAM
PACHAMALAYANKOTTAI
PALLAPATTI
PANNAIPATTI
PATTIVEERANPATTI (TP)
PILLAIYARNATHAM
RAMARAJAPURAM
RENGAPPANAICKANPATTI

SANDAIYUR

SEKKAPATTI

SENGATTAMPATTI

SENGATTAMPATTI R.F.

SEVUGAMPATTI (TP)

SILUKKUVARPATTI

SITHARGALNATHAM

SIVAGNANAPURAM

VEELINAICKANPATTI

VILAMPATTI

VIRALIMAYANPATTI

VIRALIPATTI

VIRUVEEDU

VILLAGES IN ODDANCHATRAM TALUK

AMBILIKAI

APPANUTHU

APPAYAMPATTI

APPIPALAYAM

ARASAPPAPILLAIPATTI

ATHICOMBAI

BODUVARPATTI

CHATRAPATTI

CHINNAKKAMPATTI

D.PUDUKOTTAI

DASARIPATTI

DEVATHUR

ELLAPATTI

I.VADIPATTI

IDAYAKOTTAI

JAWADUPATTI

JOGIPATTI

KALANJIPATTI

KALLIMANDAYAM

KALLUPATTI

KAPPILLIAPATTI

KARIYAMPATTI

KAVERIYAMMAPATTI

KEDAYURAMBU

KOLLAPATTI

KONDARANGI KEERANUR

KOOTHAMPOODI

KOTHAYAM

KUTHILUPPAI

LAKKAYANKOTTAI

M.ATHAPPAMPATTI

MANDAVADI

MANJANAICKENPATTI

MARKAMPATTI

DR.K.MURUGESAN MBBS.,AFIH.,

NAVAKANI
ODAIPATTY
ODDANCHATRAM (TP)
PALAPPAMPATTI
PARUTHIYUR
PERIYAKOTTAI
POOSARIPATTI
PORULUR
POTTIKAMPATTI
PUDUR
PULIYAMARATHUKOTTAI
PULIYURNATHAM
PUNGAMUTHUR
REDDIAPATTI
SIKKAMANAICKENPATTI
SINDAIAPATTI
SINDALAVADAMPATTI
THANGACHIAMMAPATTI
VADAGADU
VALAYAPATTI
VEERALAPATTI
VERIYAPUR
VIRUPAKSHI

VILLAGES IN PALANI TALUK

A-KALAYAMPUTHUR
AKKARAIPATTI
AMARAPOONDI
ANDIPATTI
AYAKUDI (TP)
AYYAMPALAYAM
BALASAMUDRAM (TP)
CHINNAKALAYAMPUTHUR (CT)
CHITHRAIKULAM
CINNAMMAPATTI
ERRAMANAICKENPATTI
IRAVIMANGALAM
KALICKKANAICKENPATTI
KANAKKAMPATTY
KAVADIKOOTTAM R.F.
KAVALAPATTI
KEERANUR (TP)
KODAIMANGALAM
KOLUMAKONDAN
KOMBAIPATTI
KORIKADAVU
KOTTATHURAI
KOVILAMMAPATTI
MANOOR
MARICHILAMBU
MELAKOTTAI

MELKARAIPATTI

METTUPATTI

MIDAPADI

MOLLAMPATTI

MUTHUNAICKENPATTI

NEIKARAPATTI

NEIKKARAPATTI (TP)

PACHALANAICKENPATTI

PALANI (M)

PAPPAMPATTI

PERIYAMMAPATTI

PETHANAICKENPATTI

PUDUR

PULIAMPATTI

PUSHPATHUR

R.VADIPATTI (NORTH)

R.VADIPATTI (SOUTH)

RAJAMPATTI

REDDAIYAMBADI

SITHAREVU

SIVAGIRIPATTI (CT)

SUKKAMANAICKENPATTI

TAMARAIKULAM

THALAIYUTHU

THATHANAICKENPATTI (N)

THATHANAICKENPATTI (SOUTH)

THOPPAMPATTI
THUMMALAPATTI
VAGARAI
VELAMPATTI
VELUSAMUDRAM
VEPPANAVALASU
VILVATHAMPATTI

VILLAGES IN VEDASANDUR TALUK

ALAMBADI
AMMAPATTI
AYYALUR (TP)
CHINNALUPPAI
CHITTUR
DEENDAKKAL
DHALIPATTI
ERIODU (TP)
GUDALUR
KAITHIAN KOTTAI
KALVARPATTI
KANAPADI
KARIKALI
KARUMALAI R.F.
KARUNGAL

KOLLAPATTI

KOMBAI (R)

KOMBERIPATTI

KOOMBUR

KOOVAKKAPATTI

KOTTANATHAM

KUDAPPAM

KUDDAM

KULATHUPATTI

KULATHUR

LANDAKOTTAI

MALLAPURAM

MALVARPATTI

MARAMBADI

MOREPATTI

MUNDAMALAI R.F.

MUNGIL KARADU R.F.

NAGAYAKOTTAI

NALLAMANARKOTTAI

NALLUR

NATHAPATTI

PADIYUR

PAGANATHAM

PALAPATTI

PALAYAM (TP)

PANJANTHANGI (RF)

PANNAMALAI R.F.
PERUMBULLI
PILATHU
PUDIPURAM
PUDUKOTTAI (R)
PUDUKOTTAI (V)
PUTHUR
RAMANATHAPURAM
RENGAMALAI R.F.
SINGARAKOTTAI
SITHUVARPATTI
SRIRAMAPURAM
SUKKAMPATTI
SUNDAMALAI R.F.
TENNAMPATTI
THANNER KARADU R.F.
THIRUKOORNAM
THOPPASAMYMALAI R.F.
ULLIYAKOTTAI
USILAMPATTI
VADAMADURAI (TP)
VADAMALAI R.F.
VADUGAMBADI
VANIKARAI
VEDASANDUR
VEDASANDUR (TP)
VELAYUDAMPALAYAM

DR.K.MURUGESAN MBBS.,AFIH.,

VELLAMPATTI
VELLODU (R)
VELVANKOTTAI
VEMBUR

ERODE DISTRICT

VILLAGES IN BHAVANI TALUK

ALATHUR
AMMAPETTAI (TP)
ANDIKULAM
ANTHIYUR
ANTHIYUR (TP)
APPAKUDAL (TP)
ATHANI (TP)
ATTAVANAIPUDUR
BHAVANI
BHAVANI (M)
BOOTHAPADI
BRAMMADESAM
BURGUR
BURGUR (NORTH R.F.)
BURGUR SOUTH R.F..
CHENNAMPATTI
CHINNAPULIYUR

ENNAMANGALAM
ENNAMANGALAM R.F.
GETTISAMUDRAM
ILLIPPILI
JAMBAI (TP)
KADAPPANALLUR
KALPAVI
KANNAPALLI
KAVANDAPADI
KESARIMANGALAM
KILWANI
KOMARAYANUR
KUPPANDAMPALAYAM
KURICHI
KURUPPANAICKENPALAYAM (CT)
KUTHAMPOONDI
MATHUR
MOONGILPATTI
MUKASIPUDUR
MYLAMBADI
NAGALUR
NAGALUR R.F.
NERUNJIPETTAI (TP)
ODATHURAI
ODDAPALAYAM
OLAGADAM (TP)
ORICHERI

PACHAMPALAYAM
PADAVALKALVAI
PARUVACHI
PATLUR
PERIYAPULIYUR
POONACHI
PUDUR
PUNNAM
SALANGAPALAYAM (TP)
SANKARAPALAYAM
SANYASIPATTI
SETTIPALAYAM
SINGAMPETTAI
THALAKULAM
THAMARAKKARAI R.F.
VARADANALLUR
VELLITHIRUPPUR
VEMBATHI
VYRAMANGALAM

VILLAGES IN ERODE TALUK

ANJUR
ARACHALUR (TP)
ATTAVANAI HANUMAN PALLI
AVALPOONDURAI

AVALPOONDURAI (TP)
AVUDAYAPARAI
AYYAMPALAYAM
BRAHMANA PERIYA AGRAHARAM (TP)
CHENNASAMUDRAM (TP)
CHITHODE (TP)
DEVAKIAMMAPURAM
ELAVAMALAI
ELLAIKADAI
ELLAPALAYAM
ELUMATHUR
ELUNOOTHIMANGALAM
ERODE (M.CORP)
GANGAPURAM
ICHIPALAYAM
INJAMPALLI
KADIRAMPATTI
KAGAM
KANAGAPURAM
KANGAYAMPALAYAM
KARAI ELLAPALAYAM
KASIPALAYAM (E) (M)
KILAMPADI (TP)
KODUMUDI (TP)
KOLATHUPALAYAM
KOLLANKOIL (TP)
KONDALAM

DR.K.MURUGESAN MBBS.,AFIH.,

KONGUDAYAMPALAYAM
KOORAPALAYAM
KULAVILAKKU
METTUNASUVANPALAYAM (CT)
MODAKURICHI (TP)
MODAVANDI SATHYAMANGALAM
MOOLAKARAI
MUKASI HANUMAN PALLI
MURUNGIYAMPALAYAM
MUTHAMPALAYAM
NAGAMANAICKENPALAYAM
NANJAIKALAMANGALAM
NANJAIKOLANALLI
NANJAILAKKAPURAM
NANJAIUTHUKULI
NANJANAPURAM
NASIYANUR (TP)
NOCHIPALAYAM
PALAMANGALAM
PASUR (TP)
PAVALATHAMPALAYAM
PERIYASEMUR (M)
PERODU
PUDUR
PUNDURAISEMUR
PUNJAI KALAMANGALAM

PUNJAILAKKAPURAM
PUTHUR PUDUPALAYAM
RAYAPALAYAM
SATHAMBUR
SIVAGIRI (TP)
SURAMPATTI (M)
SURIYAMPALAYAM (TP)
THANATHAMPALAYAM
THINDAL (CT)
THOTTANI
THUYYAMPOONDURAI
UNJALUR (TP)
VADIVULLAMANGALAM
VADUGAPATTI (TP)
VALLIPURAM
VEERAPPANCHATIRAM (M)
VELAMPALAYAM
VELAMPALAYAM
VELLOTTAMPARAPPU (TP)
VENGAMPUDUR (TP)
VEPPAMPALAYAM
VILAKETHI
VILLARASAMPATTI

DR.K.MURUGESAN MBBS.,AFIH.,

VILLAGES IN GOBICHETTIPALAYAM TALUK

AGRAHARAKARAI

AKKARAIKODIVERI

ALUKULI

AMMAPALAYAM

ANDIPALAYAM

ANJANUR

ARRAKKANKOTTAIGRAMAM

AVALAMPALAYAM

AYALUR

BODICHINNAMPALAYAM

CHANDRAPURAM

ELATHUR (TP)

EMMAMPOONDI

GOBICHETTIPALAYAM (M)

GUDAKKARAI

IRUGALUR

KADASELLIPALAYAM

KADATHUR

KADUKKAMPALAYAM

KALINGIYAM

KANAKAMPALAYAM

KARATTUPALAYAM

KASIPALAYAM (G) (TP)
KAVANDAMPALAYAM
KOLAPPALUR (TP)
KONDAYAMPALAYAM
KONGARPALAYAM
KOSHANAM
KOTTUPULLAMPALAYAM
KUGALUR
KUHALUR (TP)
KULLAMPALAYAM
KURUMANDUR
LAGAMPALAYAM
LAKKAMPATTI (TP)
MEVANI
MODACHUR
MOTTANAM
NAGADEVAMPALAYAM
NAMBIYUR (TP)
NANJAIGOPI
NANJAIPULIAMPATTI
NANJAITHURAIAMPALAYAM
NATHIPALAYAM
NICHAMPALAYAM
ODAYAGOUNDANPALAYAM
OLALAKOVIL
P.METTUPALAYAM (TP)
PALAYAPARIYURKARAI

PARIYUR

PERIYAKODIVERI (TP)

PERUMUGAI

PERUNDALAIYUR

POLAVAPALAYAM

PULAVAKALIPALAYAM

PULLAPPANAICKENPALAYAM

PUNJAITHURAIPALAYAM

PUTHUKKARAI

SANTHIPALAYAM

SAVANDAPUR

SINGIRIPALAYAM

SINNARIPALAYAM

SIRUVALUR

SOLAMADEVIKARAI

SUNDAKKAMPALAYAM

TALGUNI

VANIPUTHUR (TP)

VELLALAPALAYAM

VELLANKOVIL

VEMANDAMPALAYAM

VILLAGES IN PERUNDURAI TALUK

AYEGOUNDANPALAYAM
BASUVAPATTI
CHENNIMALAI
CHENNIMALAI (TP)
CHENNIMALAI R.F.
CHINNAMALLAMPALAYAM
CHINNAVIRASANGILI
EKKATTAMPALAYAM
ELLAIGRAMAM
INGUR
KALLAKULAM
KAMBILIAMPATTI
KANDAMPALAYAM
KANJIKOIL (TP)
KARANDIPALAYAM
KARUKKAPALAYAM
KARUMANDI CHELLIPALAYAM (TP)
KAVUNDACHIPALAYAM
KODUMANAL
KONGAMPALAYAM
KULLAMPALAYAM
KUPPUCHIPALAYAM

DR.K.MURUGESAN MBBS.,AFIH.,

KUTHAMPALAYAM

MADATHUPALAYAM

MARAPPANAICKAMPALAYAM

METTUPUDUR

MOONGILPALAYAM

MUKASI PULAVAPALAYAM

MUKASIPIDARIYUR (CT)

MULLAMPATTI

MURUNGATHOLUVU

NALLAMPATTI (TP)

NANJAI PALATHOLUVU

NICHAMPALAYAM

NIMITTIPALAYAM

OLAPALAYAM

ORATHUPALAYAM

OTTAPPARAI (CT)

PALAKARAI

PALLAPALAYAM (TP)

PANDIAMPALAYAM

PAPPAMPALAYAM

PATTACKARAMPALAYAM

PERIYAVEERASANGILI

PERIYAVILAMALAI

PERUNDURAI (TP)

PETHAMPALAYAM (TP)

POLANAICKAMPALAYAM

PONMUDI
POOVAMPALAYAM
PUDUPALAYAM .
PUNGAMPADI
PUNJAI PALATHOLUVU
SEENAPURAM
SELLAPPAMPALAYAM
SINGANALLUR
SINNAVILAMALAI
SIRUKKALANCHI
SULLIPALAYAM
SUNGAKARAMPALAYAM
TALAYAMPALAYAM
THENMUGAM VELLODE
THINGALUR
THIRUVACHI
THORANAVAVI
THUDUPPATHI
UNJAPALAYAM
VADAMUGAM VELLODE
VARAPALAYAM
VETTAIANKINAR
VIJAYAPURI (CT)
VOIPADI

DR.K.MURUGESAN MBBS.,AFIH.,

VILLAGES IN SATHYAMANGALAM TALUK

AKKARAINEGAMAM

AKKARAITHATHAPPALLI

AKKURINJIERI EXTN. R.F.

AKKURINJIERI R.F.

ALATHUCOMBAI

ARASUR

ARIYAPPAMPALAYAM (TP)

ARULAVADI

AYYAMPALAYAM

BAGUTHAMPALAYAM

BARABETTA RF

BHAVANISAGAR (TP)

BOOSARIPALAYAM

BYANNAPURAM

CHIKKAHAJANUR

CHIKKARASAMPALAYAM

DASARIPALAYAM

DHODDAHAJANUR

DHODDAMPALAYAM

DHODDAMUDUKKARAI

ERAHANAHALLI

GETTAVADI

GUNDRI
GUTHIYALATHUR
GUTHIYALATHUR (ADDITION) R.F.
GUTHIYALATHUR EXTENSION RF
HASSANUR
IGGALORE
IKKARAINEGAMAM
IKKARAITHATHAPALLI
INDIAMPALAYAM
KARALAVADI
KARAPADI
KARIDODDAMPALAYAM
KAVILIPALAYAM
KEMBAINAICKENPALAYAM (TP)
KOMARAPALAYAM
KONAMOOLAI
KONGAHALLI
KOOTHAMPALAYAM
KOTHAMANGALAM
KURUMBAPALAYAM
MADAHALLI
MADAMPALAYAM
MAKKINANCOMBAI
MALAYADIPUDUR
MALLANKULI
MARAYEEPALAYAM
MARUR

DR.K.MURUGESAN MBBS.,AFIH.,

MUDUKKANTHURAI
NALLUR
NEITHALAPURAM
PANAHAHALLI
PANAYAMPALLI
PATTAVARTHIAYYAMPALAYAM
PERIYAKALLIPATTI
PUDUPEERKADAVU
PUNGAMPALLI
PUNGAR
PUNJAIPULIAMPATTI
PUNJAIPULIAMPATTI (M)
RAJAN NAGAR
SADUMUGAI
SATHYAMANGALAM (M)
SELLAPAMPALAYAM
SHENBAGAPUDUR
SUNKAKARANPALAYAM
TALAMALAI
TALAMALAI EXTN.(R.F.)
TALAMALAI R.F.
TALAVADI
THATCHAPERUMAPALAYAM
THIGINARAI
THINGALUR
THOPPAMPALAYAM

UKKARAM

ULLEPALAYAM (R.F.)

VARAPALAYAM

VELAMUNDI(R.F.)

VINNAPPALLI

KANCHEEPURAM

DISTRICT

VILLAGES IN ALANDUR TALUK

ALANDUR (M)

ANAKAPUTHUR (M)

COWL BAZAAR (OG)

KOLAPAKKAM (OG)

MEENAMBAKKAM (TP + OG)

MOOVARASAMPETTAI (CT)

MOWLIVAKKAM (OG)

NANDAMBAKKAM (TP)

NANMANGALAM (OG)

PALLAVARAM (M + OG)

PAMMAL (M)

POLICHALUR (CT)

ST.THOMAS MOUNT-CUM-PALLAVARAM (CB)

DR.K.MURUGESAN MBBS.,AFIH.,

THIRUNEERMALAI (TP)
TIRUSULAM (CT)

VILLAGES IN CHENGALPATTU TALUK

ACHARAVAKKAM
AGARAM
AGARAM
ALAPAKKAM (CT)
ALATHUR
ALATHUR RF
AMAIYAMPATTU
AMIRTHAMPALLAM
AMOOR
ANJUR
ANJUR R.F
APPUR
APPUR R.F
ARUNGAL
ARUNGUNDRAM
ATHIGAMANALLUR
ATHUR
CHENGALPATTU (M)
CHETTIPATTURAYAMANKUPPAM

CHETTIPUNYAM
CHINNA IRUMBEDU
CHINNAVIPPEDU
DASARIKUNNATHUR
DASARIKUPPAM
DHAKSHNAVARTHY
ECHANKARANAI
EDARKUNDRAM
EDAYANKUPPAM
EDAYANKUPPAM RF
GUDALORE R.F
GURUVANMEDU
HANUMANTHAI
HANUMANTHAPURAM
HANUMANTHAPUTHERI R.F
HASTHINAPURAM
IDEEYANKODUMANTHANGAL
ILLALUR
ILLALUR RF
KACHADIMANGALAM
KALANIPAKKAM
KALVOY
KALVOY R.F
KANNATHUR REDDY KUPPAM
KANNIVAKKAM
KANTHALUR
KARAMBUR

KARANAI

KARANAI

KARANAIPUDUCHERI

KARUMBAKKAM

KARUNGUZHIPALLAM

KARUNILAM

KATTAKHAZHANI

KATTANKOLATHUR R.F

KATTUR

KATTUR R.F.

KAYAR

KAYAR RF

KAYARAMBEDU

KEELAKOTTIYUR

KEERAPPAKKAM

KELAMBAKKAM

KIZHUR

KOLATHUR

KOLATHUR

KOLATHUR RF

KONDAMANGALAM

KONDANGI

KONERIKUPPAM

KONGADU

KOTTAMEDU

KOVALAM (CT)

KOVILANTHANGAL
KRISHANANKARANAI
KUMIZHI
KUMUZHI R.F
KUNNAPPATTU
KUNNAVAKKAM
MADATHUR RF
MADAYATHUR
MAILAI
MAMBAKKAM
MAMBAKKAM RF
MANAMATHY
MANNAVEDUDEVADARAM
MANNIVAKKAM
MARAIMALAINAGAR (M)
MARUDERI
MELAIYUR
MELAKOTTIYUR
MELAMAIYUR
MELKANAGAMPATTU
MELMANAPAKKAM
MULLIPAKKAM
MURUGAMANGALAM
MUTHUKADU (CT)
NALLAMBAKKAM
NANDIVARAM - GUDUVANCHERI (TP)
NAVALUR

DR.K.MURUGESAN MBBS.,AFIH.,

NEDUNGUNDRAM (CT)
NELLIKUPPAM
NEMMELI
ORAGADAM
ORAGADAM RF
ORATHUR
OTHIVAKKAM
OTHIVAKKAM R.F
OTTERI
OZHALUR
PADUR
PAIYANUR
PALUR
PANCHANTHIRUTHY
PANDUR
PARANUR
PARANUR R.F
PATTARAVAKKAM
PATTIPULAM
PAZHAVELI
PERIYAIRUMBEDU
PERIYAPUTHERI
PERIYAVIPPEDU
PERUMALTHANGAL
PERUMATHUNALLUR
PERUNTHANDALAM

POLACHERI
PONMAR
POOLUPPAI
POONDI
PORANTHAVAKKAM
PORUNTHAVAKKAM
PUDUPAKKAM
PULIPAKKAM
RAJAKULIPETTAI
RATTINAMANGALAM
RAYAMANGALAM
REDDIKUPPAM
ROYALPATTU
SALAVANKUPPAM
SANTHANAMPATTU
SASTHIRAMBAKKAM
SEMBAKKAM
SENGADU
SENGUNDRAM R.F
SENNERI
SENTHAMANGALAM
SINGAPERUMALKOIL (CT)
SIRUDAVOOR
SIRUKUNDRAM RF
SIRUNKUNDRAM
SIRUSERI
SONALLUR

SONNALLUR RF
THAIYUR
THAIYUR R.F.
THALIMANGALAM
THANDALAM
THANDARAI
THAZHAMBUR
THENMELPAKKAM
THENUR
THIRUNILAI
THIRUPORUR (TP)
THIRUTHERI R.F
THIRUVADISOOLAM
THIRUVIDANTHAI
UNAMANCHERI
UNAMANCHERI R.F
URAPAKKAM (CT)
VALARKUNDRAM
VALAVANTHANGAL
VALLAM (CT)
VALLAM R.F
VANDALUR (CT)
VANDALUR R.F
VEERAPURAM
VELICHI
VEMBAKKAM

VEMBEDU
VENGADAMANGALAM
VENGALERI
VENGUR U
VENKATAPURAM
VILLIAMBAKKAM
VIRALPAKKAM

VILLAGES IN CHEYYUR TALUK

AGARAM
AKKINAMBATTU
AMMANAMBAKKAM
AMMANUR
ANDARKUPPAM
ARAPPEDU
ARASUR
ATCHIVILAGAM
ATTUPATTUKOTTAIPUNJI
AYAKUNNAM
CHEYYUR
CHINNAVELIKADU
CHITHAMUR
CHITHARKADU
CHUNAMPET
EASUR
EDAKALINADU (TP)

ILLEDU
INDALUR
IRANYASIDHI
IRUMBILI
KADALUR
KADAPPARI
KADUGUPATTU
KADUKALUR
KALKULAM
KANATHUR
KANNIMANGALAM
KARUPPUR
KAYAPAKKAM
KEELMARUVATHUR
KESAVARAYANPETTAI
KILARKOLLAI
KODAPATTINAM
KODUR
KOKKARANTHANGAL
KOLATHUR
KOOVATHUR
KOTTAIKADU
KURAMBARAI
LATHUR
MADAVILAGAM
MADAYAMBAKKAM

MAGUNDAGIRI
MALRAJAKUPPAM
MALUVANKARANAI
MANICUPPAM
MARUDERI
MELMARUVATHUR
MUGAIYUR
MURUKKANTHANGAL
NEDUMARAM
NEELAMANGALAM
NELVOY
NELVOYPALAYAM
NEMANADAM
NERKUNAM
NERKUNAMPATTU
OTHIVILAGAM
PACHAMBAKKAM
PAKKAVANCHERI
PAKKUR
PALUR
PANAYADIVAKKAM
PARAMANKENI
PARAMESWARAMANGALAM
PARASANALLUR
PARUKKAL
PAVUNJUR
PEKKARANAI

DR.K.MURUGESAN MBBS.,AFIH.,

PERAMBAKKAM

PERIAKALAKADI

PERIAVELIKADU

PERUKKARANAI

PERUMALCHERI

PERUMBAKKAM

POIGANALLUR

POLAMBAKKAM

PONDUR

POONGUNAM

PORAIYUR

PORANJERI

PORUR

PUDUPATTU

PUDUPATTU

PULIYANI

PUNNAMAI

PUORIAMPAKKAM

PUTHIRANKOTTAI

SATHAMANGALAM

SATHIAMANGALAM

SEEVADI

SEMBUR

SENGATTUR

SEVUR

SIRUMAILUR

SIRUNAGAR
SIRUVILAMBAKKAM
SOTHUPAKKAM
THANDALAM
THANDARAI
THENPAKKAM
THIRUPURAKOIL
THIRUVADUR
THONDAMANALLUR
THUTHUVILAMPATTU
ULUDAMANGALAM
VADAKKUVAYALOOR
VADAPATTINAM
VANNIANALLUR
VEDAL
VELLANKONDAGARAM
VENMALAGARAM
VEPPANCHERI
VETTAMPERUMBAKKAM
VILAMBATTU
VILANGADU
VOYALUR

VILLAGES IN KANCHEEPURAM

TALUK

AGARAM

ALAPAKKAM

ALAVANDARMEDU

ALAVUR

AMBAKKAM

ANGAMBAKKAM

ARIYAMBAKKAM

ARIYAPERUMBAKKAM

ARPAKKAM

ASOOR

ATHIPATTU

ATHIVAKKAM

ATTUPUTHUR

AVALUR

AYIMICHERI

AYYAMPETTAI (CT)

BAVASAHIBPETTAI

CHINNAMADURAPAKKAM

CHITHAATHUR

CHITTERIMEDU

DAMAL

DEVARIYAMBAKKAM

EKANAMPETTAI

ELAYANARVELUR

ENADUR

ERIVOY
GOVINDAVADI
ILLUPPAPATTU
INJAMBAKKAM
IYANGARKULAM
KALAKATTUR
KALIYANUR
KALLIPATTU
KALUR
KAMBARAJAPURAM
KAMUGAMPALLAM
KANAKAMBAKKAM
KANCHEEPURAM (M)
KARAI
KARUPPADITHATTADAI
KARUR
KATTAVAKKAM
KAVANTHANDALAM
KILAMBI
KILAR
KILKADIRPOOR
KILOTTIVAKKAM
KILPUTHUR
KOLATHUR
KOLIVAKKAM
KONERIKUPPAM (CT)
KOSAPATTU

KOTTAVAKKAM

KOVALAVEDU

KOYAMBAKKAM

KUNNAVAKKAM

KURAM

KURUVIMALAI

KUTHIRAMBAKKAM

MADAPURAM

MADAVILAGAM

MAGARAL

MANGALPADI

MANIYACHI

MANJAMEDU

MARUTHAM

MELAMBI

MELBANGARAM

MELKADIRPOOR

MELOTTIVAKKAM

MELPUTHUR

METTUKUPPAM

MOOLAPATTU

MURUKKANTHANGAL

MUSARAVAKKAM

MUTHAVEDU

MUTHIALPETTAI

MUTTAVAKKAM

NAICKENKUPPAM
NAICKENPETTAI
NALLUR
NARAPAKKAM
NATHANALLUR
NATTAPETTAI (CT)
NAVETTIKULAM
NEERVALUR
NELVELI
NELVOY
NUMMAPPATTU
ODDANTHANGAL
OLAIYUR
OLAKKALPATTU
ORIKKAI (CT)
PADAPPAM
PADUNELLI
PALAYASEEVARAM
PAPPANKUZHI
PARANDUR
PERIAMADURAPAKKAM
PERIYAKARAMBUR
PERUMANALLUR
PERUMBAKKAM
PITCHAVADI
PODAVUR
PONDAVAKKAM

POONDITHANGAL
POOSIVAKKAM
PUDUPAKKAM
PULIYAMBAKKAM
PULLALUR
PULLAMBAKKAM
PUNJARASANTHANGAL
PURISAI
PUTHAGARAM
PUTHERI
PUTHERI
SADATHANGAL
SEEYAMANGALAM
SEEYATI
SEKKANKULAM
SEMANTHANGAL
SEMBARAMBAKKAM
SEVILIMEDU (TP)
SINGADIVAKKAM
SINNIVAKKAM
SIRUKAVERIPAKKAM (CT)
SIRUNAIPERUGAL
SIRUPAGAL
SIRUVAKKAM
SIRUVALLUR
SIRUVEDAL

SITTIYAMBAKKAM
SURAMENIKUPPAM
THAIPAKKAM
THALAIYILLILLAPERUMBAKKAM
THALAYAMPATTU
THAMMANUR
THANDALAM
THANDALAM
THANGI
THENAMBAKKAM (CT)
THENNERI
THIMMAIYANPETTAI
THIMMARAJAMPETTAI
THIMMASAMUDRAM
THIRUMALPATTU
THIRUPPUKUZHI
THIRUVENKARANAI
THODUR
THOLLAZHI
THONANKULAM
THULUKKANTHANDALAM
TIRUMALPADITHANGAL
ULLAVUR
UTHUKADU
UVERI
VADAVERIPATTU
VAIYAVUR

VALATHOTTAM
VALATHUR
VALLUVAPAKKAM
VARANAVASI
VATHIYUR
VEDAL
VEDAL
VELIYUR
VEMBAKKAM
VENGUDI
VILAGAM
VILLIVALAM
VIPPEDU
VISHAKANDIKUPPAM
VISHAR
VITCHANTHANGAL
WALAJABAD (TP)

VILLAGES IN MADURANTHAKAM TALUK

ACHARAPAKKAM (TP)
AGILI
ALAPAKKAM
ALLANUR
ALLUR
AMAYAMBATTU

ANAIKUNNAM
ANATHAMANGALAM
ANDAVAKKAM
ANNANGAL
ARAYAPAKKAM
ARIYANUR
ARUNGUNAM
ATHIMANAM
ATHIVAKKAM
ATHIVAKKAM
ATHIYUR
ATHUR
AVIRIMEDU
BABURAYANPETTAI
BUDUR
BUKKATHURAI
CHINNAVENMANI
CHINTHAMANI
CHITAMUR
CHITHALAMANGALAM
CHITHAMUR
CHITHATHUR
CHITRAVADI
DEVADUR
DEVANUR
DHARMAPURAM
EDAYALAM

ELAPPAKKAM
ERUMBEDU
ERUVAKKAM
GENDRACHERI
GUDAPAKKAM
GUDDALUR
GUNANKARANAI
IRUSUMANALLUR
ISUR
JANAKIPURAM (SANUR)
KADAMALAIPUTHUR
KADAMBUR
KALANIPAKKAM
KALATHUR
KALLABIRANPURAM
KARASANGAL
KARIKKILI
KARUNAGARACHERI
KARUNAGARAVILAGAM
KARUNGUZHI (TP)
KATHIRICHERI
KATTUDEVADUR
KATTUGUDALUR
KATTUKKARANAI
KAVADUR
KEELAVALAM

KEEZHAMUR
KILATHIVAKKAM
KILIYANAGAR
KILPATTU
KILVASALAI
KINAR
KODITHANDALAM
KOLATHUR
KONGARAIMAMBATTU
KOTTAKAYAPAKKAM
KOZHIYALAM
KUMARAVADI
KUNNANKOLATHUR
KUNNATHUR
KUNNAVAKKAM
L.ENDATHUR
LADAKARANAI
LAKSHMINARAYANAPURAM
MADHUR
MADURAI
MADURANTHAKAM (M)
MAIYUR
MAMANDUR
MAMBATTU
MANGALAM
MARIPUTHUR
MATHUR

MELAKANDAI

MINNAL CHITHAMUR

MINNALKILMINNAL

MOGALVADI

MOOSIVAKKAM

MORAPPAKKAM

MULLI

MUNIYANTHANGAL

MUNNAKULAM

MUNUTHIKUPPAM

MURUKKAMBAKKAM

MURUKKANCHERI

MURUNGAI

NALLAMUR KEELAKARANAI

NALLUR

NEDUNGAL

NEERPAIR

NELLAI

NELLI

NELVOY

NEMAM

NESAPAKKAM

NETHAPAKKAM

NETRAMBAKKAM

ORATHUR

ORATHY

OZHAVETTI
PADALAM
PADIRI
PAKKAM
PALAYANUR
PALLIAGARAM
PALLIPETTAI
PAMBAYAMBATTU
PAPPANALLUR
PASUMBUR
PASUVANKARANAI
PATHUR
PERUMBAIRKANDIGAI
PERUMBAKKAM
PERUVELI
PILAPPUR
PILLANTHIKUPPAM
PINNAMPOONDI
POONDI
PORAGAL
PUDUCHERI
PUDUPATTU
PULIKKORADU
PULIPURAKOIL
PULIYARANANKOTTAI
PUZHUTHIVAKKAM
PZHAMATHUR

RAJAPALAYAM
SAMPATHINALLUR
SATHAMAI
SEETHAPURAM
SEMPPONDI
SENAYANERI
SENDIVAKKAM
SHOLAMTHANGAL
SILAVATTAM
SIRUDAMUR
SIRUNALLUR
SIRUNGALUR
SIRUPAIRPANDI
SIRUVANGUNAM
SITHANDI
SOORAI
THANDALAM
THANDARAI
THEETALAM
THIMMAPURAM
THINNALUR
THIRUMUKKADU
THOTTANAVAL
THOZHUPPEDU
THURAIYUR
ULUDAMANGALAM

UNAMALAI
UTHAMANALLUR
VADAKKUPUTHUR
VADAMANIPAKKAM
VAIPPANAI
VAIYAVUR
VALARBIRAI
VALAYAPUTHUR
VASANTHAVADI
VEDANTHANGAL
VEDAVAKKAM
VEERANAKUNNAM
VELAMUR
VELIAMBAKKAM
VELLAPUTHUR
VELLARAI
VENMARI
VEPPANKARANAI
VILAGAM
VILANGADU
VILVARAYANALLUR
VINAYAGANALLUR
VINNAMPOONDI
VIRALUR
Z.BUDUR
Z.ENDATHUR

VILLAGES IN SHOLINGANALLUR TALUK

ARASANKALANI

INJAMBAKKAM

JALLADIAMPET

KARAPAKKAM

KOILAMBAKKAM

KOTTIVAKKAM

MADIPPAKKAM

MEDAVAKKAM

NEELANKARAI

OGGIYAMDURAIPAKKAM

OTTIAMBAKKAM

PALAVAKKAM

PALLIKARANAI

PERUMBAKKAM

PERUNGUDI

PUZHITHIVAKKAM (ULLAGARAM) (M)

SEMMANJERI

SHOLINGANALLUR

SITTALAPAKKAM

UTHANDI

VENGAVASAL

VILLAGES IN SRIPERUMBUDUR TALUK

ADHANUR

AKKAMAPURAM

ALAGOOR

AMARAMBEDU

AMMANUMBAKKAM

ARAMBAKKAM

ARANERI

AYAKOLATHUR

AYYAPPANTHANGAL (CT)

BOODHANUR

ECHOOR

EDAYARPAKKAM

EKANAPURAM

ELIMIYANKOTTUR

ERIVAKKAM

ERUMAIYUR

ERUMAIYUR R.F.

ETTIKUTHIMEDU

EZHICHUR

GERUGAMBAKKAM (CT)

GUNAGARAMBAKKAM

GUNDUPERUMBEDU

IRANDANKATTALAI (OG)

IRUMBEDU
IRUNGATTUKOTTAI
IRUNGULAM
JAMBODAI
KADUVANCHERI
KANCHIVAKKAM
KANDAMANGALAM
KANDIVAKKAM
KANDUR
KANNANTHANGAL
KAPPANKOTTUR
KARANAITHANGAL
KARASANGAL
KARUNAKARACHERI
KATRAMBAKKAM
KATTANKOLATHUR (RF)
KATTUPAKKAM
KAVALKAZHANI
KAVANUR
KAVANUR (RF)
KEELAKALANI
KEERANALLUR
KILOY
KODAMANALLUR
KODANGACHERI
KOLATHUR

KOLLACHERI
KONDAVAKKAM
KOOTHAVAKKAM
KORUKKANTHANGAL
KOTTUR
KOVUR (CT)
KOZHUMANIVAKKAM
KUNDRATHUR
KUNNAM
MADAMBAKKAM
MADURAMANGALAM
MAHADEVIMANGALAM
MAHANYAM
MAHANYAM (RF)
MALAIPATTU
MALAYAMBAKKAM
MAMBAKKAM
MANAPAKKAM
MANGADU
MANIMANGALAM
MANNUR
MATHUR
MELMADURAMANGALAM
METTUPALAYAM
MEVALURKUPPAM
MEVALURKUPPAM (PART)
MOLACHUR

DR.K.MURUGESAN MBBS.,AFIH.,

MUGALIVAKKAM
NADUVEERAPATTU
NALLAMPERUMBEDU
NALLUR
NALLUR R.F.
NANDAMBAKKAM
NANDIMEDU
NARIYAMBAKKAM
NATTARASAMPATTU
NAVALUR
NAVALUR
NEELAMANGALAM
NEMILI
O.M.MANGALAM
ODDANKARANAI
ORAGADAM
ORATHUR
PADAPPAI
PADERVADI
PADICHERI
PANAIYYUR
PANAPAKKAM
PANRUTTI
PAPPANKULI
PARANIPUTHUR
PAZHANTHANDALAM

PENNALUR
PERINJAMBAKKAM
PERIYAPANICHERI
PICHIVAKKAM
PILLAIPAKKAM
PODAVUR
PONDUR
POONDI
POONTHANDALAM
PUDUCHERI
PUDUPPAIR
RAMANUJAPURAM
SALAMANGALAM
SANTHAVELUR
SELVAZHIMANGALAM
SENDAMANGALAM
SENGADU
SENNAKUPPAM
SERAPANACHERI
SETHUPATTU
SIKKARAYAPURAM
SINGILIPADI
SIRUKALATHUR
SIRUKALATHUR
SIRUKILOY
SIRUMANGADU
SIRUMATHUR

SIRUVANJUR

SIRUVANJUR(RF)

SIVANKOODAL

SIVAPURAM

SOGANDI

SOMANGALAM

SRIPERUMBUDUR

THANDALAM

THANDALAM

THARAPAKKAM

THARAVUR

THIRUMANGALAM

THIRUMUDIVAKKAM

THIRUVEMBUTHERI

THULASAPURAM

THUNDALKALANI

UMAYALPARAMANCHERI

VADAKKUPATTU

VADAKKUPATTU (RF)

VADAMANGALAM

VADAMELPAKKAM

VADEKKAL

VAIPOOR

VALARPURAM

VALATHANCHERI

VALAYAKARANAI

VALLAM
VARADHARAJAPURAM
VATTAMBAKKAM
VATTAMBAKKAM (RF)
VELLARAI
VELLERITHANGAL
VENGADU
VENJUVANCHERI
VITTAVIDAGAI

VILLAGES IN TAMBARAM TALUK

AGARAMTHEN
CHITLAPAKKAM (TP)
KASBAPURAM
KOVILANCHERI
MADAMBAKKAM (TP)
MADURAPAKKAM
MOOLACHERI
MUDICHUR
PEERKANKARANAI (TP + OG)
PERUNGALATHUR (TP)
SEMBAKKAM (TP)
TAMBARAM (M)

DR.K.MURUGESAN MBBS.,AFIH.,

TIRUVANCHERI (OG)
VENGAPAKKAM

VILLAGES IN TIRUKALUKUNDRAM TALUK

ACHARAVAKKAM

ADAVILAGAM

ALAGUSAMUDRAM

AMAIPAKKAM

AMANAMBAKKAM RF

AMINJIKARAI

AMMANAMBAKKAM

ANOOR

ARAMBAKKAM

ATTAVAKKAM

AYAPAKKAM

ECHANKARANAI

ECHUR

EDAIYUR

EDAIYUR

EDAYATHUR

EGAI

ELUMICHAMPATTU

IRUMBULI

JANAKIPURAM

KADAMBADY
KALPAKKAM
KANKEYAMKUPPAM
KARMARAPAKKAM
KEELAVEDU
KEERAPAKKAM
KILAPAKKAM
KOKILAMEDU
KORAPPATTU
KOTHIMANGALAM
KUDIPERUMBAKKAM
KUHIPANTHANDALAM
KUNNATHUR
KUNNAVAKKAM
LATTUR
MAMALLAPURAM (TP)
MAMBAKKAM
MANAMAI
MANAPAKKAM
MEIYUR
MELAPATTU
MELERIPAKKAM
MELKUPPAM
MERKANDAI
MUDAIYUR
MULLAKOLATHUR
NADURVAKKARAI

NALLANPILLAIPETTRAL
NALLATHUR - A
NALLATHUR - B
NALLUR
NARAPAKKAM
NARASANKUPPAM
NATHAMKARIAMCHERI
NAVALUR RF
NEIKUPPI
NELVOY
NEMMELI
NEMMELI RF
NERUMBUR
OSIVAKKAM
OTHIVAKKAM
P.V.KALATHUR
PAKKAM
PANDUR
PATTIKADU
PERAMBAKKAM
PERIAYAKATTUPAKKAM
PERUMALERI
PERUMBEDU
PONPATHIRKOODAM
POONTHANDALAM
PUDUPAKKAM

PUDUPATTINAM (CT)

PUDUPATTINAM (PART)

PULIKUNDRAM

PULIYUR

PULLERI

PUNNAPATTU

SADURANGAPATTINAM

SALUR

SALUR RF

SOGANDY

SOORADIMANGALAM

THATHALUR

THAZAMBEDU

THIMMUR

THIRUMANI

THIRUMANI RF

THUNJAM

TIRUKALUKUNDRAM (TP)

TIRUKKALUKUNRAM FOREST

UDAYAMBAKKAM

VALLIPURAM

VASAVASAMUDRAM

VAZHUVODUR

VEERAKUPPAM

VEERAPURAM

VELLAPANDAL

VENBAKKAM

VENGABAKKAM
VILAGAM
VITTLAPURAM
VOYALUR

VILLAGES IN UTHIRAMERUR TALUK

ADAVAPAKKAM
AGARAMDULI
ALANJERI
ALAPAKKAM
ALISOOR
AMMAIYAPPANALLUR
ANAMBAKKAM
ANDITHANGAL
ANNADHUR
ARASANIMANGALAM
ARUMBULIYUR
ATHYURMELDULI
CHINNALAMBADI
CHITALAPAKKAM
EDAMICHI
EDAYAMBUDUR
ELANAGAR

ELAPAKKAM
GINDANGARAI
GURUVADI
HANUMANTHANDALAM
IRUMARAM
KADALMANGALAM
KAITHANDALAM
KALIYAMPOONDI
KALIYAPETTAI
KAMMALAMPOONDI
KANNIKULAM
KARANAI
KARIAMANGALAM
KARUMBAKKAM
KARUVEPPAMPOONDI
KATTANKULAM
KATTIAMPANDAL
KATTUPUTHUR
KAVAMPAIR
KAVANIPAKKAM
KAVANURPUDUCHERI
KAVITHANDALAM
KILAKKADI
KUNNAVAKKAM
KURUMANJERI
KURUMBARAI
MALAYANKULAM

MAMBAKKAM
MAMBUDUR
MANAMPATHY
MARUDHAM
MARUTHUVAMBADI
MELPAKKAM
MENALUR
MULAGINIMENI
MURUKKERI
NADUPATTU
NANJEEPURAM
NARIAMBAKKAM
NARIYAMBUDUR
NEERKUNDRAM
NELVELI
NERKUNDRAM
NEYYADIVAKKAM
ODDANTHANGAL
ORAKKATTUPETTAI
OZHAIYUR
OZHUGARAI
PADOOR
PALESWARAM
PANDAVAKKAM
PAZHAVERI
PENNALUR

PERANAKKAVUR
PERUMGOZHI
PERUNAGAR
PINAYUR
POONTHANDALAM
PORPANDAL
PULIPAKKAM
PULIVOY
PULIYUR
PULLAMPAKKAM
PUNGANANDAL
PUTHALI
RAVATHANALLUR
RETTAMANGALAM
SADACHIVAKKAM
SALAVAKKAM
SATHANANJERI
SEETHANANJERI
SEETHAPURAM
SEMBULAM
SERPAKKAM
SETHUPATTU
SILAMBAKKAM
SIRUDAMUR
SIRUKALATHUR
SIRUMAILUR
SIRUPINAYUR

SITHANAKAVOOR
THALAVARAMPOONDI
THANDARAI
THANDARAI
THINAYAMPOONDI
THIRUMUKKUDAL
THIRUVANAIKOIL
THOTTANAVAL
THRIUPULIVANAM
UTHIRAMERUR (TP)
VADATHAVOOR
VALATHODU
VAYALAKKAVOOR
VAYALUR
VENDIVAKKAM
VENGACHERI
VENGARAM
VICHOOR
VINNAMANGALAM
VISOOR

KANYAKUMARI

DISTRICT

VILLAGES IN AGASTHEESWARAM TALUK

AGASTEESWARAM

AGASTHEESWARAM (TP)

ALAGAPPAPURAM (TP)

ANJUGRAMMAM (TP)

ASARIPALLAM (TP)

AZHAGAPPAPURAM

DHARAMAPURAM (CT)

DHARMAPURAM (PART)

ERAVIPUTHOOR

GANAPATHIPURAM (TP)

GANDIPURAM (CT)

KANNIYAKUMARI

KANNIYAKUMARI (TP)

KOTTARAM (TP)

KULASEKARAPURAM

MADHUSOODHANAPURAM (PART)

MANAKUDI (CT)

MARANGOOR

MARUNGUR (TP)

MYLAUDY (TP)

NAGERCOIL

NAGERCOIL (M)

NEENDAKARA -B

NEENDAKARA-A (PART)

PALLANTHURAI (CT)
PARAKKAI
PERUVILAI (CT)
PUTHALAM (TP)
PUTHERI (CT)
SUCHINDRUM
SUCHINDRUM (TP)
THAMARAIKULAM (PART)
THEKKUMALAI RF.(WEST AND EAST)
THENGAMPUDUR (TP)
THENGAMPUTHOOR (PART)
THENTHAMARAIKULAM (TP)
THEROOR
THERUR (TP)
VADASERY (PART)
VADIVEESWARAM (PART)
VEMPANOOR

VILLAGES IN KALKULAM TALUK
ALUR (TP)
ARUVIKKARAI (PART)
ATHIVILAI (CT)
ATHUR (TP)
ATTOOR (PART)
AYACODE (CT)

COLACHEL

COLACHEL (M)

ERANIEL (TP)

KADIAPATTINAM

KALKULAM

KALLUKUTTAM (TP)

KANNANOOR (CT)

KAPPIYARAI (TP)

KATTATHURAI (CT)

KATTIMANCODE (CT)

KOTHANALLUR (TP)

KULASEKARAM (TP)

KUMARAPURAM (TP)

KURUNTHENCODE (PART)

MANAVALAKURICHI (TP)

MANDAIKADU (TP)

MECODE

MULAGUMUDU (TP)

NEYYOOR (TP)

NULLIVILAI (CT)

PADMANABHAPURAM (M)

PONMANAI

PONMANAI (TP)

REETHAPURAM (TP)

SURULACODE

THACKALAI

THALAKKULAM

THIKKANAMCODE (CT)
THINGALNAGAR (TP)
THIRPARAPPU (TP)
THIRPPARAPPU
THIRUVATTAR (TP)
THIRUVITHANCODE (TP)
VALVACHAGOSTAM
VALVAITHANKOSHTAM (TP)
VEERAPULI EXTN. (OLD
KULASEKARAPURAM)
VEERAPULI R.F.
VEEYANOOR (PART)
VELIMALAI FOREST
VELLIMALAI (TP)
VERKILAMBI (TP)
VILAVUR (TP)
VILLUKURI (TP)

VILLAGES IN THOVALA TALUK

ANANTHAPURAM
ARALVAIMOZHI (TP)
ARUMANALLOOR (PART)
ASAMBU R.F.

AZHAGIAPANDIPURAM
AZHAGIAPANDIPURAM (TP)
BOOTHAPANDI (TP)
CHENBAGARAMANPUTHUR (CT)
CHENBAGARAMANPUTHUR (PART)
CHIRAMADAM
DERISANAMCOPE
ERACHAKULAM
ESANTHIMANGALAM
MAHENDRAGIRI R.F.
POIGAIMALAI R.F.
THADAGAMALAI R.F.
THADIKARANKONAM (CT)
THAZHAKUDY (TP)
THEKKUMALAI EAST
THEKKUMALAI WEST
THIRUPATHISARAM
THOVALA
VEERAPULI R.F.
VELIMALAI R.F.

VILLAGES IN VILAVANCODE TALUK

ADAIKKAKUZHI (CT)

ARUDESAM (PART)

ARUMANAI (TP)

CHOOZHAL (CT)

EDAICODE

EDAICODE (TP)

EZHUDESAM

EZHUDESAM (TP)

KADAYAL (TP)

KALIYAKKAVILAI (TP)

KARUNGAL (TP)

KEEZHKULAM

KEEZHKULAM (TP)

KILAMALAI R.F.

KILLIYOOR (TP)

KOLLANCODE (TP)

KULAPPURAM (CT)

KUZHITHURAI (M)

MALAYADI (CT)

MANCAD (CT)

MANCODE (PART)

MANJALUMOODU (CT)

MARUTHANCODE (CT)

MATHICODE (CT)

METHUKUMMAL (CT)

MIDALAM (CT)

MUZHUCODE (CT)

NADAIKAVU (CT)

NALLOOR (TP)

NATTALAM (CT)

NATTALAM (PART)

PACODE (TP)

PAINKULAM (CT)

PALAPPALLAM (TP)

PALOOR (PART)

PALOOR (CT)

PALUGAL (TP)

PULIYOORSALAI (CT)

PUTHUKKADAI (TP)

UNNAMALAIKADAI (TP)

VANNIYOOR (CT)

VAVARAI (CT)

VELLAMCODE (CT)

VILATHURAI (CT)

VILAVANCODE (CT)

KARUR DISTRICT

VILLAGES IN ARAVAKURICHI TALUK

ALAMARATHUPATTI

AMMAPATTI

ANJAGOUNDANPATTI

ANJUR

ARAVAKURICHI (TP)

ARIYUR

ATHIPALAYAM

CHINNADARAPURAM

ELAKKATURAMACHANDRAPURAM

ELAVANUR

ESANATHAM

EURUMARPATTI

GUDALUR (EAST)

GUDALUR (WEST)

INANGANUR

K.PARAMATHI

KALAKURICHI NANJAI

KALAKURICHI PUNJAI

KARUDAYAMPALAYAM

KARVAZHI

KODAIYUR

KODANTHUR(NORTH)

KODANTHUR(SOUTH)

KUPPAM

MODAKKUR(EAST)

MODAKKUR(WEST)

MONJANUR (EAST)

MONJANUR (WEST)
MUNNUR
NADANTHAI (NORTH)
NADANTHAI (SOUTH)
NAGAMBALLI
NEDUNGUR
P.ANAIPALAYAM
PALLAPATTI
PALLAPATTI (TP)
PAVITHIRAM
PERIYAMANJUVALI
PUNGAMBADI(EAST)
PUNGAMBADI(WEST)
PUNNAM
RAJAPURAM
SANTHAPADI
SENDAMANGALAM(EAST)
SENDAMANGALAM(WEST)
SOODAMANI
TENILAI VENKITAPURAM
THENNILAI(EAST)
THENNILAI(SOUTH)
THENNILAI(WEST)
THETHUPATTI
THOKKUPATTI
THUKKACHI
THUMBIVADI

DR.K.MURUGESAN MBBS.,AFIH.,

VELAMBADI
VENJAMANGUDALUR(EAST)
VENJAMANGUDALUR(WEST)
VISWANATHAPURI

VILLAGES IN KADAVUR TALUK

ADHANUR
D.EDAYAPATTI
DEVARMALAI
KALAYAPATTI
KEELAPPAGUTHI
KEERANUR
KOSUR
MANJANAICKENPATTI
MATHAGIRI
MAVATHUR
MELAPPAGUTHI
MULLIPPADI
PALAVIDUTHI
PANNAPATTI
PAPPAYAMBADI
SEMBIANATHAM
THENNILAI
THONDAMANGINAM

VADAVAMBADI
VALVARMANGALAM
VARAVANAI
VELLAPATTI

VILLAGES IN KARUR TALUK

ACHAMAPURAM
ANDANKOIL EAST (CT)
ANDANKOIL(WEST)
APPIPALAYAM
ATHUR
EMUR
INAM KARUR (M)
JEGADABI
K.PICHAMPATTI
KADAPARAI (CT)
KAKKAVADI
KARUPPAMPALAYAM
KARUR (M)
KOMBUPALAYAM
KOYAMBALLI
KUPPUCHIPALAYAM
MANAVADI
MANMANGALAM

DR.K.MURUGESAN MBBS.,AFIH.,

MELAPALAYAM

MINAMPALLI-PACHAMADEVI (CT)

MOOKANANKURICHI

N.KADAMBANKURICHI

NANJAIPUGALUR

NANNIYUR

NERUR NORTH

NERUR SOUTH

P.KADAMBANKURICHI

PAGANATHAM

PALLAPALAYAM

PULIYUR (TP)

PUNJAI THOTTAKURICHI (TP)

PUNJAIPUGALUR (TP)

PUTHAMBUR

SENAPIRATTI (CT)

SOMUR

THALAPATTI

THANTHONI (M)

THIRUKKATTUTHURAI

THIRUMANILAIYUR

TNPL PUGALUR (TP)

UPPIDAMANGALAM (TP)

VANGAL

VELLIANAI(NORTH)

VELLIANAI(SOUTH)

VETTAMANGALAM (EAST)
VETTAMANGALAM (WEST)

VILLAGES IN KRISHNARAYAPURAM TALUK

BALARAJAPURAM
CHINTHALAVADI
KALLAPALLI
KAMMANALLUR
KARUPPATHUR
KRISHNARAYAPURAM (TP)
MAHADHANAPURAM(NORTH)
MANAVASI
MAYANUR
MUTHURENGAMPATTI
P.J. CHOLAPURAM (TP)
PANJAPATTI
PAPPAKKAPATTI
PILLAPALAYAM
POTHURAVUTHANPATTI
RENGANATHAPURAM (NORTH)
RENGANATHAPURAM (SOUTH)
SENGAL

SITHALAVAI

SIVAYAM (NORTH)

SIVAYAM (SOUTH)

THIRUKKAMPULIYUR

VAYALUR

VEERIYAPALAYAM

VILLAGES IN KULITHALAI TALUK

BALARAJAPURAM

CHINTHALAVADI

KALLAPALLI

KAMMANALLUR

KARUPPATHUR

KRISHNARAYAPURAM (TP)

MAHADHANAPURAM(NORTH)

MANAVASI

MAYANUR

MUTHURENGAMPATTI

P.J. CHOLAPURAM (TP)

PANJAPATTI

PAPPAKKAPATTI

PILLAPALAYAM

POTHURAVUTHANPATTI
RENGANATHAPURAM (NORTH)
RENGANATHAPURAM (SOUTH)
SENGAL
SITHALAVAI
SIVAYAM (NORTH)
SIVAYAM (SOUTH)
THIRUKKAMPULIYUR
VAYALUR
VEERIYAPALAYAM

ABOUT THE AUTHOR

My name is Dr . K .Murugesan . I am A doctor . I have completed MBBS and AFIH . I have a long standing desire to publish a book in my free time and my desire to publish a book has accomplished with this book. I will continue my writing work in future to give useful information to my readers. Contact me to give updates about your village   which will be published in the next edition .my mail id is :

doctor_india@hotmail.com

www.ingramcontent.com/pod-product-compliance
Lightning Source LLC
Chambersburg PA
CBHW051742250726
48659CB00001B/196